설민석의 한국사 대모험 스토리 시리즈

설민석의 가장 쉬운 한국사

1. 역사를 바꾼 사건 편

글 김지균

유쾌하고 기발한 상상력을 바탕으로 기쁨과 슬픔, 지혜로움 등 다양한 정서와 삶의 가치를 담은 글을 써 온 동화작가이자 어린이책 편집자예요. <대저택의 수상한 침입자>, <대저택의 어둠을 부르는 책>, <용선생이 간다> 16권 멕시코 편, 17권 아르헨티나 편 등을 썼으며, <과학 뒤집기 기본 편>, <사회 뒤집기 기본 편>, <국어 뒤집기 기본 편>, <꼬마 과학 뒤집기>, <꼬마 수학 뒤집기> 등의 전집 시리즈를 총괄 기획하고 편집 책임자로서 역할을 했어요.

그림 이연

꿈과 재미를 주는 어린이 만화를 그리고 있는 작가로, 이번 책에서 본문 삽화 및 만화 그림을 그려 주었어요. 2011년 한국 콘텐츠진흥원 제작 지원과 2012년 한국 만화진흥원 제작 지원에 선정되었고, 펴낸 책으로는 <개콘 탐정단>, <신비아파트 귀신 백과>, <허팝 과학 파워>, <입시덕후> 등이 있어요.

그림 김민재

책과 웹툰 등 다양한 매체에서 재기발랄하고 유쾌한 그림으로 즐거움을 선물하고 있는 작가로, 이번 책에서 본문 외 학습 면의 삽화를 그려 주었어요. 다음 웹툰 <울트라 병장>, <동재네 식구들>, <얌얌숲 당근길 토요일> 등을 그렸고, <어린이 과학 동아>, <어린이 수학 동아>, <뒤집기 시리즈> 등 학습 만화와 어린이책 삽화 작업을 활발하게 이어오고 있어요. 현재는 카카오 웹툰 작가와 웹툰 강사로도 활동하고 있어요.

감수 단꿈아이

유·아동을 위한 에듀테인먼트 콘텐츠 브랜드예요. 아이들이 꾸는 꿈이 곧 우리의 미래라는 가치 아래 새롭고, 즐겁고, 유익한 아동 인문학 콘텐츠로 단꿈의 주인인 아이들을 응원하고 있어요. 단꿈아이의 다양하고 풍부한 스토리를 접한 아이들이 무한대로 상상하고 자유롭게 꿈꾸며 자신만의 이야기를 만들어 가기를, 그 속에서 정해진 정답이 아닌 세상을 바꿀 위대한 질문을 하며 성장할 수 있게 되기를 바랍니다.

설민석의 한국사 대모험 스토리 시리즈

설민석의 가장 쉬운 한국사

1. 역사를 바꾼 사건 편

글 김지균 | 그림 이연 · 김민재 | 감수 단꿈아이

서울문화사

한국사를 사랑하는 어린이 친구들에게

안녕, 친구들아!

나를 그저 만화 속 인물이라고 생각하니? 그렇지 않아.

너희처럼 설쌤도, 나와 평강도 대한민국 어딘가에 살고 있어.

정말이야, 히히!

평범한 아이였던 내가 너희들과 다른 점이 있다면 장차 '공주의 부마'가 될 수도 있다는 것이겠지? 또 한국사를 전혀 모르던 내가 점점 한국사 공부에 재미를 느끼게 되었고, 이제는 한국사에 대해 꽤 많이 알게 되었다는 점도 너희와는 좀 다른 점인 것 같아.

물론 한국사에 대해 나보다 더 많이 아는 친구도 있긴 하겠지만 말이야.

내가 한국사에 대해 잘 알게 된 것은 설쌤을 만나서야.

설쌤을 따라 역사 여행을 하다 보니 점점 한국사를 많이 알게 되었어. 깨달은 것도 몇 가지 있어. 역사는 지나가 버린 과거가 아니라 현재를 살아가는 우리에게 나침반 같은 지침을 준다는 것!

그 이야기들이 <설민석의 한국사 대모험>에 잘 담겨 있지? 그 책을 본 친구들이라면 우리의 모험이 아슬아슬하고, 흥미진진하며 아주 유익했다는 것을 잘 알고 있을 거야.

또 하나 깨달은 것은 말이야.
한국사 공부는 금세 끝날 공부가 아니라 꾸준히 삼시 세끼 밥을 먹듯이 해야 한다는 것이었어. 힘들고 어렵다고?
하하, 힘을 내! 나도 열심히 하고 있잖아.

이번에 떠나는 한국사 모험은 좀 다른 목적이 있어.
난 역사를 제법 안다고 으쓱댔는데, 역사를 안다는 것은 지식을 쌓는 것만이 다가 아니었어. 역사적 지식을 통해 삶의 교훈을 얻어야 진짜 공부가 되는 것 같아.
너희도 이번 역사 여행을 따라가며 나처럼 무언가 깨닫는 것이 있었으면 좋겠어.
유식한 말을 너무 많이 했더니 배가 고프네. 히히!

새로운 한국사 모험을 떠날 준비가 됐으면, 우리 선조들의 찬란한 역사 속으로 다 같이 떠나 보자고!

온달 보냄

이 책의 구성과 특징

재미있는 만화로 아이들의 흥미를 UP!

본격적으로
역사 공부를 시작하기 전
설쌤, 평강, 온달이 등장하는
엉뚱하고 재미있는 만화로
아이들의 흥미를 높여 줘요.

연표로 한국사의 흐름을 한눈에 파악!

세 개의 챕터를 나누는 속표지를
연표 형식으로 구성해 각 사건들이
어느 시대에 일어났었는지 한눈에 알 수
있게 했어요. 연표를 자세히 살펴보면
한국사의 큰 흐름을 파악하고
역사적인 배경을 이해하는 데
도움이 될 거예요.

현장감 넘치는 스토리텔링으로 전해 듣는 재미있는 한국사!

설쌤, 평강, 온달이 과거 시대로 넘어가 직접 보고 듣는 흥미진진한 이야기와 재미있는 삽화
로 역사 속 주요 사건들을 설명해 줘요. 마치 친구에게 재미난 일화를 전해 듣는 것처럼 술술
읽을 수 있어 쉽고 재미있게 한국사를 공부할 수 있어요.

어려운 용어의 뜻풀이로
어휘력 향상!
어휘를 모르면 아무리 쉽고
재미있는 이야기라도 맥락을
파악하기 어려워요. 그래서
어려운 용어들은 한자와 함
께 뜻풀이를 하여 이해하기
쉽도록 하였어요.

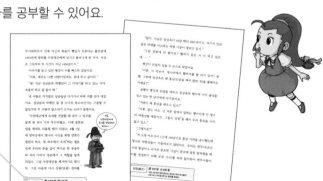

생동감 있는 삽화로 재미와 공감까지!

역사적 사건을 재미있는 삽화로 담았어요. 인물들의 풍부한 표정과 생생한 상황 묘사를 보다 보면 마치 내가 역사 현장에 가 있는 것처럼 더 실감나게 몰입하고 공감할 수 있을 거예요.

풍부한 시각 자료를 활용한 알짜배기 한국사 지식!

본문에서 다루어 주지 못한 다양하고 유익한 한국사 이야기들을 재미있는 그림과 생생한 사진으로 알차게 다루었어요. 우리 역사 속 중요한 사건들이나 주요 인물들에 대한 이야기, 유적·유물, 사회 문화에 대한 정보 등을 다양하게 다루어 한국사에 대한 폭넓은 지식을 습득할 수 있어요.

핵심 문제를 풀며 실력 다지기!

앞에서 공부한 내용들을 복습하며 한국사 실력을 탄탄히 다질 수 있어요.

설쌤

한국사에 대한 애정이 아주 깊은
고구려의 태학박사예요.
시간 여행을 통해 온달의 역사 지식을
성장시켜 준 스승으로, 온달에게
부족한 점이 여전히 많은 것을
깨닫고, 새로운 역사 여행을 떠나요.

평강

고구려의 공주로 자신의 신랑감을
찾아 설쌤과 함께 미래로 왔다가 온달을
점찍었어요. 철부지에 성격이 급해 가끔
소동을 일으키지만, 역사 여행을 다니며
한층 성숙해졌어요. 이번 여행에서는
큰 소동을 일으키지 않겠지요?

온달

음식만 탐하는 먹보에 역사라곤 하나도 모르는
아이였어요. 놀랍게도 시간 여행을 다니며 역사를
사랑하고, 역사 지식을 많이 아는 아이로 성장하고
있어요. 이제 공주의 부마가 될 자격이 될까요?
이번 역사 여행을 다녀와 봐야 알 것 같네요.

• 온달이 보내온 편지 6
• 이 책의 구성과 특징 8

1. 실수가 부른 승패
• 백제의 멸망을 부른 계백의 실수 관창의 목을 베라! 20
• 뺨 한 대로 시작된 무신 정권 장수 따위가 감히! 32
• 최영의 욕심과 고려의 끝 황금 보기는 돌같이 했지만! 44
• 단종 복위를 꿈꾸었던 성삼문 아니 어디서 말이 새어 나갔지? 56

2. 찬란한 도전
• 백만 대군이 별거냐! 이 강을 건너지 못하게 하라! 74
• 최초의 신분 해방 운동 왕이 따로 있는가! 86
• 조씨가 왕이 된다고? 주초위왕이 가리키는 자! 98
• 고종 황제를 퇴위시킨 헤이그 특사 을사늑약은 무효다! 110

3. 저항을 이겨낸 성공
• 온조의 올바른 이사법 여기로 이사하자! 128
• 훈민정음을 반대한 학자들 모두 옥에 가두어라! 140
• 장사의 신의 분노 인삼을 모두 태워라! 152
• 세계를 뒤흔든 6발의 총소리 대한 독립을 위하여! 164

• 온달 한국사 문제 180
• 정답 187

이제 역사를 잘 아는 것 같아요! 제 신랑이 될 자격이 충분해요!

정말이네? 하지만 조금만 더 지켜보기로 하자.

공부를 많이 했더니 배고프네. 뭐 좀 시켜 먹을까?

음~ 하나는 부족하고!

흠, 욕심이 과해. 온달의 새로운 문제점이 보이는군.

에이~ 뭐 어때요! 공주의 부마가 되려면 잘 먹고 힘도 세져야죠!

아, 아쉽다.
이게 마지막이라니~

저러다
탈 나지!

아악!
배 아파!

어휴, 설쌤
말씀이
맞았어요.

못 말린다니까.
소화제를 줄 테니
얼른
먹으렴.

아이고,
나 죽네!

끄어억~!
아, 이제
살 것 같네!

그러니까 욕심을 과하게
부리면 안 돼. 공주의
부마가 되기 위해선
꼭 기억하렴.

이제 먹는 것도
좀 적당히
먹구!

응응,
알았어!

으, 아직도 배가 살살 아프네~

평강이 비밀 생일 파티를 해 주자!

좋아. 선물은 뭘 좋아하는지 몰래 알아볼까?

크크. 비밀 생일 파티라고? 세상에 비밀이 어디 있어! 낮말은 새가 듣고 화장실 말은 온달이 듣는다!

평강아!

같이 가!

평강아, 넌 선물을 받는다면 뭐가 좋아?

음, 글쎄?

낄낄. 난 알지! 알아! 다 안다고!

16

1 실수가 부른 승패

선사·고조선 시대
약 70만 년 전~기원전 108년

약 70만 년 전
구석기 시대
시작됨

떼석기

기원전 8000년경
신석기 시대
시작됨

빗살무늬
토기

기원전 2333년
단군왕검,
고조선 건국

기원전 108년
고조선 멸망

내게 임금은 오직
상왕(단종) 전하
한 분뿐이오!

성삼문
네놈이
감히…!

이성계 이놈!
감히 반역을
저질러!

팔만대장경

1392년
고려 멸망
이성계,
조선 건국

1251년
팔만대장경 완성

조선 시대
1392년~1897년

1443년
세종, 훈민정음 창제
(1446년, 반포)

1258년
최 씨
무신 정권
무너짐

1231년
몽골 1차 침입
(~1259년, 6차례)

1592년
임진왜란
일어남

1882년
임오군란 일어남

1884년
갑신정변 일어남

1636년
병자호란
일어남

수원 화성

1796년
수원 화성
완공

1811년
홍경래의 난
일어남

1876년
강화도 조약
맺음

1894년
동학 농민 운동
일어남

1866년
제너럴셔면호 사건,
병인양요 일어남

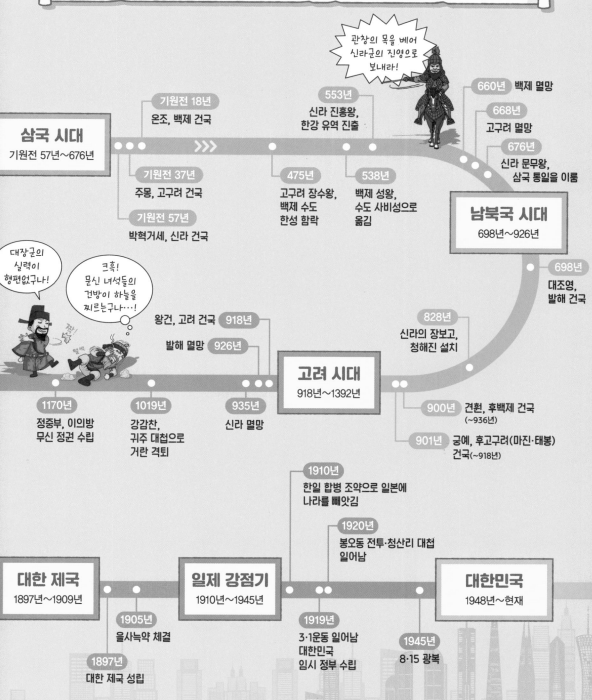

- 백제의 멸망을 부른 계백의 실수
- 최영의 욕심과 고려의 끝
- 뺨 한 대로 시작된 무신 정권
- 단종 복위를 꿈꾸었던 성삼문

관창의 목을 베어 신라군의 진영으로 보내라!

삼국 시대
기원전 57년~676년

기원전 18년
온조, 백제 건국

기원전 37년
주몽, 고구려 건국

기원전 57년
박혁거세, 신라 건국

553년
신라 진흥왕,
한강 유역 진출

475년
고구려 장수왕,
백제 수도
한성 함락

538년
백제 성왕,
수도 사비성으로
옮김

660년 백제 멸망

668년
고구려 멸망

676년
신라 문무왕,
삼국 통일을 이룸

남북국 시대
698년~926년

698년
대조영,
발해 건국

828년
신라의 장보고,
청해진 설치

대장군의
실력이
형편없구나!

크흑!
문신 녀석들의
건방이 하늘을
찌르는구나…!

왕건, 고려 건국 918년

발해 멸망 926년

고려 시대
918년~1392년

1170년
정중부, 이의방
무신 정권 수립

1019년
강감찬,
귀주 대첩으로
거란 격퇴

935년
신라 멸망

900년 견훤, 후백제 건국
(~936년)

901년 궁예, 후고구려(마진·태봉)
건국(~918년)

1910년
한일 합병 조약으로 일본에
나라를 빼앗김

1920년
봉오동 전투·청산리 대첩
일어남

대한 제국
1897년~1909년

일제 강점기
1910년~1945년

대한민국
1948년~현재

1905년
을사늑약 체결

1897년
대한 제국 성립

1919년
3·1운동 일어남
대한민국
임시 정부 수립

1945년
8·15 광복

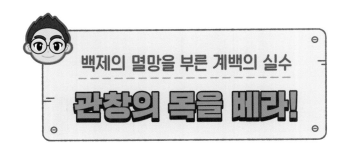

백제의 멸망을 부른 계백의 실수

관창의 목을 베라!

"어이쿠, 여긴 어디야?"

온달이 풀숲에 거꾸로 처박혀서 소리를 지르자, 설쌤이 온달의 입을 틀어막았어요.

"쉿! 조용히 하고 얼른 나무 뒤로 숨어."

설쌤이 온달과 평강의 손을 잡고 몸을 숨겼어요. 보름달이 휘영청 밝게 비치고 있었어요. 그때 가까운 곳에서 말소리가 들렸어요. 평강이 설쌤에게 귓속말을 했어요.

"저 사람은 누구예요?"

"백제의 계백 장군이란다."

"계백? 우리 동네에 계백 갈비집 있는데 식당 주인인가?"

온달이 먹보답게 엉뚱한 소리를 하자, 설쌤이 손으로 온달의 입을 막았어요.

"온달아, 조용히 하고 저들을 지켜봐. 지금 백제의 운명은 저 계백 장군에게 달려 있거든."

세 사람은 계백 장군이 다른 부하 장수와 나누는 이야기를 숨죽인 채 엿들었어요.

"당나라군과 신라군이 우리의 수도인 사비성으로 각각 진격하고 있네. 사비성으로 진격하기 전에 두 나라의 군대가 합쳐서 연합군을 결성하려 한다네. 이 황산벌에서 신라군을 꺾어야만 그들이 연합군으로 합세*하는 것을 막을 수 있어."

부하 장수가 깊은 한숨을 내뱉고는 허탈한 웃음을 지으며 계백 장군을 바라보았어요.

"허허, 우리 결사대는 기껏해야 5천 명에 불과한데 5만 명의 신라군을 막을 수 있겠습니까?"

계백 장군이 갑자기 허리춤에 찬 칼집에서 긴 칼을 꺼내 들었어요.

"그런 허약한 소리하지 말아라! 옛날 중국의 월나라 왕 구천은 5천의 군사로 오나라 70만 대군을 물리쳤다. 나는 죽기를 각오하고 이 전투에 나서기 전 내 아내와 자식들을 모두 베고 나섰다. 백제를 지키기 위해 내 한목숨 기꺼이 바칠 것이다."

계백의 눈빛은 날카로운 서슬보다 더 파랬고, 부하 장수는

합세(合勢)	合 합할 합　勢 기세 세
	흩어져 있는 세력을 한곳에 모은다는 뜻이에요.

거듭 용서를 빌어 겨우 목숨을 부지했지요.

다음 날, 설쌤은 온달과 평강을 백제군으로 위장시켜서 그 속에 섞여 있게 했어요. 온달은 배고프다고 투덜대며 따라다녔지요.

"설쌤, 햄버거 먹고 싶어요. 여기 햄버거 가게 없어요?"

"어휴, 삼국 시대에 그런 게 있겠니? 여긴 위험한 곳이니 우리를 잘 따라다니기나 해."

평강이 뒤처져 있던 온달의 목덜미를 잡고 이끌었어요. 해가 중천에 떠오르자, 멀리서 말달리는 소리가 들렸고, 수많은 신라군이 다가오는 것이 보였어요. 백제군들은 전열*을 가다듬고 창을 높이 들었어요. 계백 장군이 병사들에게 소리 높이 외쳤어요.

"신라군을 한 놈도 빠짐없이 물리쳐라!"

백제군은 용맹하게 앞으로 나갔고, 신라군과의 전투에서 네 번이나 이겼어요. 백제군의 진영에서는 함성이 터졌지요. 신라군에선 떨어진 사기를 끌어올리기 위해 화랑들을 앞세우기 시작했어요.

백제군이 함성을 높이고 있을 때 신라군 진영에서 말을 탄 한 군사가 백제군 진영에 뛰어들어 더 큰 소리로 외쳤지요.

전열(戰列)　　戰 싸울 **전**　列 벌일 **열**
전쟁에 참가하는 부대의 대열을 말해요.

"나는 신라의 장수 김흠순의 아들 반굴이다! 계백은 내 앞에 무릎을 꿇어라!"

반굴은 한눈에 보아도 어려 보였어요. 그럼에도 높이 든 창을 앞으로 내민 채 백제군을 향해 용맹하게 달려 나왔어요. 계백이 병사들에게 지시를 내리자, 백제의 병사들이 반굴에 맞서기 위해 달려갔지요. 반굴은 창을 휘두르며 백제군 사이를 뚫으려 했지만, 역부족이었어요. 백제군이 휘두른 칼과 창에 무참하게 찔리고 베여서 목숨을 잃고 말았어요. 백제군의 사기가 높아졌고, 신라군은 사기가 꺾이고 말았어요.

"백제가 이긴 거죠? 이제 싸움도 끝났으니 우리 돌아가면 안 돼요?"

온달이 투덜거리며 바라보자 설쌤이 고개를 흔들었어요.

"싸움은 이제부터 시작이야."

이번엔 더 어려 보이는 병사가 신라군의 맨 앞에 나서서 소리를 높였어요.

"나는 신라의 장수 김품일의 아들 화랑 관창이다! 백제군은 어서 항복하라!"

관창은 겨우 16살에 불과했지만, 기백

나 관창, 백제군이 항복하기 전까진 절대 돌아오지 않겠다!

만큼은 하늘을 찌를 듯했어요. 관창은 말이 끝나기가 무섭게 말을 몰아 백제군을 향해 돌진했어요. 하지만 곧 붙잡히는 신세가 되고 말았지요. 관창은 사로잡혀 와서도 절대 물러서지 않았어요.

"내가 졌으니 어서 내 목을 베어라."

"목을 베기 전에 네 얼굴이나 보자꾸나."

계백이 부하들을 시켜 관창의 투구를 벗기게 했어요. 관창의 얼굴을 본 계백은 깜짝 놀랐어요.

'아니, 아직 앳된 아이에 불과하잖아.'

계백은 어린 관창을 죽이고 싶어 하지 않는 것 같았어요.

"너의 용맹함이 기특하구나. 이번만큼은 살려서 돌려보낼 테니 다시 덤벼들지 말아라."

관창을 말에 묶어 신라의 진영으로 돌려보냈지요.

온달이 설쌤에게 그 모습을 보고 물었어요.

"관창이 자신을 화랑이라고 했잖아요. 화랑이 뭐예요?"

"화랑은 귀족 자제 신분으로 평민부터 하급 귀족으로 구성된 '낭도'를 이끄는 우두머리야. 이 낭도와 화랑으로 이루어진 단체를 '향도'라고 불렀지. 화랑 중에서 가장 높은 화랑은 '국선'이 되었고, 김유신도 국선을 지냈다고 해."

평강이 설명을 마친 설쌤에게 걱정스런 말투로 말했어요.

"온달이 부마가 되려면 저런 용맹함을 갖춰야 할 건데 가능할까요?"

설쌤이 온달의 손을 잡고 당부했어요.

"지금부터 이곳에서 벌어지는 일을 잘 지켜보고 배워."

그때 멀리서 누군가 외치는 소리가 들렸어요. 바로 돌려보냈던 관창이 다시 백제군을 향해 달려오는 소리였어요.

"나, 관창은 목숨 따윈 중요하지 않다. 백제군은 내 창을 받아라!"

계백은 관창을 뚫어져라 쳐다보고 있었어요. 관창은 쏜살같이 달리는 말 위에서 긴 창을 휘두르고 있었어요. 백제군이 그 기세*에 눌려 허둥거릴 정도였어요. 하지만 관창 혼자서는 이겨낼 수 없었어요. 관창은 여러 번 사로잡혔고, 여러 번 돌려보내졌지요. 관창이 끝내 물러서지 않고 다시 나타나자, 계백이 마침내 병사들에게 명령했어요.

"관창을 살려 두지 않아도 된다! 맹렬히 맞서 싸워라!"

얼마 후, 관창은 백제군에 의해 목숨을 잃고 말았어요. 계백은 관창의 목을 베었고, 시신을 말안장에 매달아 신라 진영으로 돌려보냈어요.

기세(氣勢)　氣 기운 **기**　勢 기세 **세**
기운차게 뻗치는 모양이나 상태를 뜻하는 말이에요.

"아, 관창이 너무 불쌍해요."

온달이 눈물을 뚝뚝 흘리며 설쌤을 부둥켜안았어요.

"계백은 너무해요. 저 어린 관창을 죽이다니. 저렇게 용서를 베풀지 않으면 안 된다는 거죠?"

"아니야. 이게 계백의 실수란다. 관창을 죽인 것이 결국 어떤 결과를 가져왔는지 보렴."

설쌤의 말이 옳았어요. 5만 대군을 이끌고도 백제의 5천 군사에 쩔쩔매던 신라군이 관창의 죽음으로 한순간에 사기가 올랐어요.

"관창의 원수를 갚자!"

"관창의 죽음을 헛되이 하지 말자!"

신라군의 거센 공격이 시작되었어요. 계백도 백제군을 독려하며 전장의 가운데에서 지휘했어요.

"나라를 지켜야 한다. 절대 물러서지 마라!"

그러나 기세가 오른 신라군에 의해 백제의 결사대 5천 군사는 황산벌 싸움에서 장렬히 전사하고 말았지요. 설쌤은 큰 싸움이 벌어지기 전 온달과 평강을 안전한 곳으로 피하게 했어요. 먼 곳에서 그 장면을 지켜보며 온달에게 말했어요.

"660년 백제가 멸망하기 전에 일어난 일이야. 백제군이 지키던 황산벌 싸움에서 이긴 신라군은 백제의 수도인 사비성 앞에서 당나라의 군대와 합칠 수 있었어. 백제군이 나당 연합군에 패배하자 백제의 마지막 왕인 의자왕은 웅진으로 피했다가 그곳에서 항복하고 말지."

그때 신라군의 높은 함성이 들렸어요.

"이겼다! 우리가 이겼다!"

설쌤이 온달과 평강의 손을 잡고 말했어요.

"역사엔 실패와 성공이랄 것은 없어. 다만 어떤 사건을 통해 교훈을 배울 뿐이지. 온달이 훌륭한 부마가 되기 위해서 무엇을 배울지 잘 생각해 봐."

삼국 시대 말기엔 무슨 일이 일어났나?

백제 멸망에 이어 668년, 고구려도 멸망하다!

고구려는 제26대 영양왕 때 중국의 수나라와 많은 전쟁을 벌였는데 거의 모두 승리를 거두었어요. 수나라는 고구려와 벌인 무리한 전쟁으로 국력이 쇠약해져 나라를 세운 지 37년인 618년 멸망하고 말아요. 이후, 중국엔 당나라가 세워졌고, 신라는 당나라와의 협력을 통해 백제와 고구려를 공격했어요. 고구려에서는 영양왕 다음 영류왕 때 연개소문이 무력을 동원해 왕을 시해하고 실권을 장악했으며,

고구려의 마지막 왕인 보장왕 때 연개소문마저 죽게 되자, 나라가 더욱 혼란에 빠졌어요. 결국 668년 보장왕은 나당 연합군이 평양성을 포위한 가운데 성문을 열고 항복하고 말았답니다.

백제의 부흥 운동을 이끈 흑치상지와 복신

660년 백제가 멸망한 후에 흑치상지와 복신 등 귀족과 군인들이 중심이 되어 부흥 운동이 시작되었어요.

우리가 백제를 다시 부흥시킵시다!

이들은 일본에 있던 의자왕의 아들 부여풍을 왕으로 세우고, 군사를 모아 옛 백제의 땅 일부를 회복하기도 했지요.

왕이 되어 주세요!

하지만 663년 나당 연합군에 의해 패하면서 백제 부흥 운동은 끝나고 말아요.

백제 멸망에 대한 오해와 진실

💬 황산벌이 어디예요?

지금의 논산시 연산면 일대를 말해요. 황산벌의 북쪽으로는 공주시가 있고, 서쪽으로 가면 부여군이 있어요. 백제 26대 성왕 때 수도를 공주(웅진)에서 부여(사비)로 옮겼는데 공주는 주위에 산이 많아서 군사적으로 방어하기에 유리했고, 부여는 넓고 트여 있어 국력을 키우기에 좋은 땅이었어요.

▲계백 장군과 오천 결사대를 그린 황산벌 전투 기록화

황산벌을 기준으로 동쪽에 있던 **신라가 수도인 부여를 공격하기 위해서는 이 황산벌을 꼭 거쳐야만 했어요.** 신라가 황산벌을 공격할 동안 당나라 군대는 배를 타고 서해를 건너 금강 하구를 통해 부여로 향했답니다.

💬 의자왕은 정말 어리석었나요?

의자왕은 무왕의 뒤를 이은 제31대 왕이었어요. 맏아들로 효성이 지극하고 형제 간에도 우애가 깊었다고 해요. 641년 왕위에 오른 뒤에는 왕권을 강화하고 고구려와 관계를 개선함과 동시에 직접 군사를 이끌어 신라의 성을 40여 개나 빼앗는 등 많은 성과를 올리기도 했지요.

백성들로부터도 존경받는 어진 왕이었다고 해요. 하지만 점차 **나라를 돌보지 않고 자만심에 빠져 신라와 당나라의 공격에 대비하지 못하다가 나라를 멸망에 이르게 만든 마지막 왕**이 되고 말았답니다.

백제에서 기억해야 할 8가지 사건!

 1 기원전 18년, 온조 백제를 세우다!

백제의 초기 토성인 몽촌 토성

고구려를 건국한 고주몽의 두 아들인 비류와 온조가 한강 유역까지 내려왔고, 온조는 지금의 하남 위례에 터를 잡고 백제를 세웠어요. 미추홀에 자리를 잡은 비류 집단이 먼저 패권을 잡았으나, **위례성에 터를 잡은 온조 집단이 점차 세력과 주도권을 가지게 된 것**이지요.

 2 3세기, 고이왕 율령을 반포하다!

이제 제대로 된 법을 만들었군!

나라의 기틀을 세운 제8대 고이왕

백제의 **고이왕**은 마한의 여러 나라들을 정복하고, 나라의 체계를 만들었어요. 중앙의 관등제, 즉 벼슬의 체계를 만들어 지방 족장 세력을 끌어들이고, 관리의 규율을 강화했지요. 나라의 법에 해당하는 율령에 이런 내용이 포함되었고, 율령을 반포해 왕권을 강화했어요.

 5 475년, 웅진으로 수도를 옮기다!

웅진을 백제의 새로운 터전으로 삼아야겠군.

웅진으로 두 번째 수도를 정한 문주왕

백제 22대 **문주왕은 수도를 웅진(공주)으로 옮겼어요.** 고구려의 장수왕이 한강 유역에 있던 백제의 수도를 침공했고, 이때 아버지인 개로왕이 고구려군에게 붙잡혀 죽었어요. 문주왕은 이에 즉위 후 수도를 옮겼지요. 성품이 온화하고 백성을 사랑하는 왕이었다고 해요.

 6 525년, 무령왕 백제를 안정시키다!

충청남도 공주시에 위치한 무령왕릉의 내부

충청남도 공주시에는 **백제의 고분 중 유일하게 주인을 확실히 알 수 있는 무령왕릉**이 있어요. 왕과 왕비가 묻힌 무덤으로, 이 무덤의 주인인 백제 제25대 왕 무령왕은 문주왕이 수도를 옮긴 후 혼란했던 나라를 안정시킨 존경받는 왕이었다고 해요.

백제는 삼국 시대의 세 나라 중 가장 먼저 한강 유역을 차지한 나라였어요. 3세기 고이왕 때 한강 유역을 비롯하여 주변 지역으로 영역을 확장하여, 세 나라 중 가장 빠르게 고대 국가로 발전하였고, 이후 가야, 왜, 중국의 동진 등과도 활발하게 교류했지요. 5세기에 접어들어 고구려에 밀려 수도를 옮기며 쇠퇴해 갔지만, 무령왕과 성왕 때에 다시 한번 문화의 발전을 이끌기도 했어요.

3 371년, 근초고왕 평양성을 공격하다!

조선 시대 축조된 평양성 대동문의 모습

근초고왕은 마한의 여러 나라를 복속시키고 고구려의 평양성을 쳐들어가서 고구려의 왕인 고국원왕을 죽음에 이르게 한 백제의 제 **13대 왕**이에요. 이때는 아직 고구려의 수도가 국내성일 때였지만, 백제와 고구려가 서로 차지하려 할 만큼 평양 지역은 요충지였어요.

4 405년, 왜에 한학을 전파하다!

아직기와 왕인을 통해 일본에 전해진 <논어>

근초고왕은 해외로 활발히 진출했어요. 중국의 요서, 산동 지방에 진출해 문물을 주고받고 **왜(일본)에는 아직기와 왕인을 보내 백제의 뛰어난 학문과 문화를 전파했지요.** 백제의 학자 왕인은 일본으로 건너간 후, 태자(임금의 자리를 이을 임금의 아들)의 스승이 되었지요.

7 538년, 사비로 수도를 옮기다!

성왕을 기리기 위해 제작된 백제 금동 대향로

성왕은 무령왕의 아들로, **백제의 문화를 가장 풍성하게 발전시킨 왕**이에요. 성왕은 웅진에서 사비(부여)로 수도를 옮긴 후, 불교문화를 꽃피우고 일본과의 교류도 더 활발하게 이루었어요. <삼국사기>에서는 성왕을 지혜와 식견이 뛰어나고, 일을 잘한 왕으로 평가해요.

8 660년, 백제가 멸망하다!

하, 항복!

웅진(공주)

웅진에서 항복한 마지막 왕인 의자왕

백제의 마지막 왕은 의자왕이에요. 의자왕은 집권 초반에는 나라를 잘 다스리다가 점차 소홀했다고 해요. 나당 연합군이 쳐들어와 사비를 빼앗기자, 의자왕은 웅진으로 달아났어요. 하지만 더 이상 버티지 못하고 항복했고, **700년 백제의 역사는 끝**을 맺고 말았지요.

"껄껄껄! 부어라! 마셔라!"

잔치가 한창 벌어지고 있었어요. 잔칫상에는 온갖 산해진미가 가득했고, 흥겨운 풍악이 울리고 있었지요. 잔칫상에 앉은 이들은 술이 잔뜩 취해서 기분이 아주 좋아 보였고, 그들과 달리 커다란 칼을 찬 채 주위에 서 있는 이들은 표정이 좋지 않았어요.

그때 두 명의 젊은 장수가 한 장수에게 다가가 속삭였어요.

"장군! 해도 해도 너무하오. 왕과 문신들이 며칠 잔치를 벌일 동안 우리한텐 제대로 된 음식도 내놓지 않고 있잖소."

"내 말이 그 말이오. 나라를 지키는 중차대한 일을 하는 우리에게 기껏 잔칫상이나 지키게 하다니……."

잠자코 두 젊은 장수의 말을 듣고 있던 장수가 되물었어요.

"나도 화가 나네. 하지만 참고 있을 수밖에 없지 않은가?"

"장군! 저희는 더 이상 참지 않겠습니다. 장군도 저희들을 도와주십시오."

뒤쪽 풀숲에 숨어서 장수들의 대화를 엿듣고 있던 평강이 설쌤에게 물었어요.

"저들은 누구이고, 왜 저렇게 화난 거예요?"

"고려의 무신들이지. 수염을 멋지게 기른 나이 든 장수는 정중부이고, 옆에 있는 장수들은 이의방과 이고야. 저기 중앙에 앉은 사람이 고려 18대 왕 의종이고 그 옆에서 웃고 떠들고 있는 이들은 문신 김돈중과 한뢰인데, 저 문신들이 늘 무신들을 깔보고 업신여겨서 젊은 장수들이 화가 나 있는 거지."

설쌤은 평강과 온달에게 준비해 둔 갑옷으로 갈아입으라고 했어요.

"이걸 입고 있어야 해. 아니면 큰 화를 당할 수 있어."

평강이 갑옷을 걸칠 동안 온달은 코를 킁킁대며 한눈을 팔고 있었어요.

"아, 배고픈데 저기 가서 먹을 것 좀 달라고 할까?"

"안 돼. 위험한 일이 벌어진다니까 좀 참아 봐."

평강이 일어서 있는 온달의 손을 잡고 풀밭으로 몸을 숨겼어요. 설쌤이 온달과 평강에게 눈짓을 했어요.

"이제부터 무슨 일이 벌어지는지 잘 봐."

얼마 후, 잔치를 마친 의종과 신하들이 다른 곳으로 자리를 옮기려 일어났어요. 그들은 궁궐로 돌아가지 않고 개경의 흥왕사를 거쳐 보현원으로 간다고 했어요. 보현원은 왕실의 사찰로서 연회*를 자주 열던 곳이었어요. 의종과 문신, 무신들 그리고 병사들이 긴 행렬을 이루며 가고 있었어요. 설쌤과 온달, 평강도 병사들로 위장해서 함께 먼 길을 가고 있었지요.

1170년 8월, 한여름의 태양은 무척 뜨거웠어요. 등줄기에서 땀이 줄줄 흘렀고, 한참 걷다 보니 다리가 후들거릴 정도였어요. 온달이 숨이 차서 털썩 자리에 주저앉았어요.

"어휴, 난 이제 도저히 못 걷겠어."

평강이 온달의 목덜미를 잡고 일으켜 세웠어요.

"좀만 참아! 내 신랑이 되려면 체력도 길러야 한다고!"

그때 의종이 행렬을 멈추게 했어요.

"이곳에서 잠시 쉬었다 가도록 하자!"

신하들은 그늘로 들어가서 햇볕을 피하고, 병사들은 땅바닥이나 바위에 앉아 땀을 훔쳤어요. 의종이 그들을 둘러보다가 다시 말했어요.

연회(宴會) 宴 잔치 연 會 모일 회
축하나 위로, 환영, 석별 따위를 위해 여러 사람이 모여 베푸는 잔치예요.

"그동안 장수와 병사들이 나를 호위하느라 참 수고가 많았다. 이들을 위로하기 위해 이곳에서 연회를 열고 '오병수박'을 벌이도록 하라! 이기는 사람에게는 술 석 잔을, 지는 사람에게는 술 한 잔을 내릴 것이다."

평강이 설쌤에게 다가가서 물었어요.

"오병수박이 뭐예요?"

"수박을 겨룬다는 뜻이야. 고려 시대에는 무신들이 맨손으로 겨루는 무술인 '수박희'를 연마했었어. 의종은 무신들이 맨손 싸움을 하는 것을 보며 즐기려 했던 것 같아."

곧 무신들이 나서서 수박희를 겨루었어요. 신하들과 병사들이 주위를 둘러싸고 흥미진진하게 쳐다보고 있었지요. 젊은 장수 둘이 한차례 맹렬하게 싸울 동안 병사들은 편을 나누어 응원을 했어요. 먼저 말랐지만 재빨라 보이는 장수가 커다란 몸집을 가진 장수를 향해 몸을 날려 발차기를 했어요. 커다란 몸집을 가진 장수가 날아오는 발을 두 손으로 잡더니 힘껏 던져 버렸어요. 의종이 박수를 치며 좋아했어요.

"하하하, 모두 용맹하기 그지없군. 고려의 무신이라면 이 정도는 되어야지. 다음은 누가 할 차례인가?"

"종 3품 대장군 이소응 장군이오!"

누군가 의종의 말에 대답하자, 이소응은 손사래를 치며 뒤로 물러났어요.

"난 못하겠소."

이소응은 나이도 많아 보였고, 힘도 약해 보였어요. 무신이기는 했지만, 한창 혈기 왕성한 젊은 장수들을 상대하기엔 힘이 들어 보였어요. 잠시 후, 젊은 군졸과 겨루게 된 이소응은 지고 말았지요. 그 순간 왕의 곁에 서 있던 한 문신이 이소응을 향해 다가갔어요.

"한심한 놈! 한 나라의 장수가 이토록 나약해서야 어찌 나라를 지킬 것이냐? 술 한 잔도 아까우니 이거나 받아라."

나약해 빠졌구나!
이거나 받아라!

짝!

털썩

손자뻘 되는 자에게
이런 모욕을 당하다니!

그는 다짜고짜 이소응의 뺨을 때렸어요. 그 모습을 보고 의종과 문신들이 웃음을 터뜨렸지요.

"하하하, 한뢰의 말이 맞아! 맞고 말고!"

정중부가 보다 못해 벌컥 화를 내며 한뢰에게 달려들었어요.

"이놈, 한뢰야! 이소응이 너보다 나이도 많고 벼슬도 낮지 않

거늘 어찌 너 따위가 이소응에게 손찌검을 한단 말이냐! 너를
용서할 수 없다."

연회는 삽시간에 얼어붙었어요. 의종이 심상치 않은 분위기
를 느끼고 정중부를 말렸어요.

"장군! 장난으로 그런 것 같은데 뭘 그리 노여워하시오. 자,
그만 화를 누그러뜨리시오."

의종까지 나서서 중재를 하자 정중부는 칼집에 댄 손을 거두
어들였어요. 정중부는 그 옆에서 칼을 빼 들려던 이고를 말리
며 말했어요.

"자네도 참게."

잠시 후, 이의방과 이고가 남들이 듣지 않게 속삭였지요.

"더 이상 두고 볼 수 없소."

"맞아요. 정중부 장군과 상의해 봅시다."

의종과 신하들은 다시 가던 길을 가기 시작했어요. 보현원에 도착한 다음에는 또다시 술잔치를 벌였지요. 의종과 신하들이 술이 잔뜩 취해서 곯아떨어진 뒤, 어디선가 병사들이 몰려드는 소리가 들렸어요.

평강이 꾸벅꾸벅 졸고 있던 온달을 깨웠어요.

"설쌤은 어디 갔어? 여기 무슨 큰일이 벌어질 것 같아."

"설쌤? 저기 계시잖아."

온달이 가리킨 곳은 나무 위였어요. 설쌤이 나무 위에 올라 망을 보고 있었지요.

"거기서 뭐 하세요? 어서 내려오세요."

설쌤이 후다닥 나무 아래로 내려왔어요.

"이제 여길 떠나야겠어. 곧 엄청난 참극*이 벌어질 거야."

"어휴, 잘됐네. 이 무거운 갑옷부터 벗어 버려야지."

설쌤이 온달을 말렸지만 온달은 갑옷을 훌렁훌렁 벗었어요.

"왜 벗으면 안 돼요?"

평강이 묻자, 설쌤이 보현원을 가리켰어요.

참극(慘劇)　惨 참혹할 참　劇 심할 극
슬프고 끔찍한 사건을 비유적으로 이르는 말이에요.

"이제 곧 무서운 살육이 벌어질 거야. 정중부와 이의방, 이고가 군사들을 데려와서 눈에 띄는 대로 문신들을 칼로 베거든. 오늘이 고려 시대 역사에서 100년을 지속했던 무신 정권이 시작되는 날이야."

"그럼 의종은 어떻게 돼요?"

"무신들이 가장 벼르던 김돈중과 한뢰를 포함해 수많은 문신이 죽임을 당해. 의종은 거제도로 보내졌다가 3년 뒤에 정중부가 보낸 이의민에 의해 무참히 살해당하지."

그때 어디선가 외치는 소리가 들렸어요.

"문신들을 한 놈도 빠뜨리지 말고 모두 베어라. 문신의 옷을 입은 자들이라면 닥치는 대로 죽여라!"

사방에서 긴 창과 칼을 든 병사들이 쏟아져 나왔어요. 그중에 한 병사가 온달을 가리키며 외쳤어요.

"저기 저놈이 갑옷을 입고 있지 않습니다. 아무래도 문신 같으니 베어 버립시다."

"으악, 날 베겠대!"

여기저기에서 비명이 들려왔어요. 설쌤이 황급히 온달과 평강의 손을 양쪽으로 잡았어요.

"자, 더 큰일이 벌어지기 전에 어서 달아나자."

무신 정권의 시작과 끝!

💬 100년이나 이어진 무신 정권

고려는 왕건이 918년에 나라를 세웠고, 조선이 건국하기 전까지인 1392년까지, 500년 조금 안 되게 유지되었어요. 그중 왕보다 무신들이 더 큰 권력을 가진 시기인 무신 정권은 1170년부터 1270년까지 100년 동안이나 계속되었고요. 100년 동안 무신들끼리도 계속 싸움을 벌여서 새로운 권력자가 등장했어요. 무신들은 권력을 차지하기 위해 서로 죽고 죽이는 일을 계속 벌였고, 최충헌, 최우, 최항, 최의로 이어진 최 씨 집권 시기가 도래했지요. 그러나 세상에 영원한 것이 없듯이 고려가 원 간섭기에 접어들자 무신 세력은 몰락하고 말았어요.

💬 김부식의 아들이 정중부의 수염을 태워?

무신의 난이 일어나기 훨씬 전에 문신 김돈중이 아버지의 권력을 믿고 정중부의 수염을 태운 일이 있었어요.

김돈중은 <삼국사기>를 엮은 김부식의 아들로, 이 일로 화가 난 정중부가 김돈중을 묶어 놓고 때렸지요.

이에 화가 난 김부식이 다시 정중부를 고문하고 벌을 주려 했으나 겨우 화를 면했어요. 이때부터 정중부는 문신들에게 원한을 품었다고 해요.

고려 무신에 대한 오해와 진실

💬 왜 무신들을 업신여겼어요?

1135년에 고려에서는 큰 사건이 있었어요. 무신 정권이 시작되기 35년 전이었어요. 고려의 수도는 개경(개성)이었고, 또 다른 큰 도읍으로 서경(평양)이 있었는데 **승려인 묘청이 수도를 개경에서 서경으로 옮겨야 한다고 주장**했어요. 그전에 '이자겸의 난' 등이 일어나 나라가 시끄러웠고, 이에 묘청이 수도를 옮겨야 나라가 부강해진다고 주장했었지요. 하지만 이는 받아들여지지

개경 땅의 기운이 다했으니 도읍을 서경으로 옮겨야 합니다.

않았고, 이에 묘청은 자신을 따르는 무신 등 서경의 세력들을 모아 난을 일으켰어요.

이때 인종의 명령을 받은 김부식이 묘청의 난을 진압하기에 이르렀고, 이때부터 더욱더 개경의 문신 세력이 큰 권력을 얻어 무신을 업신여기게 되었답니다.

💬 고려에서 유명한 지휘관과 장수는 누가 있나요?

나 척준경에게 불가능은 없다!

아, 깜짝아!

고려에는 뛰어난 지휘관과 장수들이 많았어요. 대표적인 지휘관으로 **여진족을 토벌하는 데 앞장선 윤관**도 있고, 1018년에 일어난 **거란의 침입을 귀주 대첩(1019년)으로 물리친 강감찬**도 있어요. 다음으로 뛰어난 장수 중에 특히 무력을 잘 쓰고 싸움에 강한 장수로 척준경을 거론하기도 해요.

척준경은 인종 시기 이자겸이 난을 일으켰을 때 동조했다가 인종의 설득으로 다시 이자겸을 제거한 인물이었어요. 척준경은 윤관이 여진족을 토벌할 때 칼과 방패를 들고 홀로 성벽에 올라 여진의 우두머리 몇을 죽이고 성문을 열 정도로 무공이 뛰어났다고 하지요.

위대한 업적을 남긴 고려 왕들!

1 1대 태조, 고려를 세우다!

고려 태조 등의 제사를 지낸 연천 숭의전지

태조 왕건은 후삼국 시기에 후고구려의 궁예를 몰아낸 뒤 918년에 고려를 세웠고, 935년과 936년에 각각 신라와 후백제를 정복해 한반도를 통일했어요. **혼인 정책과 기인 제도를 통해 호족 세력을 포섭**하고, 견제하였으며 불교를 장려해 나라를 안정시켰지요.

2 4대 광종, 노비를 풀어 주다!

야호! 난 이제 자유다!

노비안검법에 따라 신분이 해방된 노비

광종은 호족 세력의 힘을 약하게 하고 **왕권을 강화하기 위해 노비안검법과 과거 제도를 실시**했어요. 원래 양인이었다가 호족의 노비가 되었던 이들의 신분을 다시 양인으로 되돌려 주었지요. 호족들은 자신들의 재산이랄 수 있는 노비를 잃게 되어 세력이 약해지고 말아요.

5 16대 예종, 동북 9성을 쌓다!

여진 정벌을 그린 역사 기록화 척경입비도

예종은 학문을 진흥시킨 왕이에요. 학문을 좋아하여 최고 교육 기관인 국학에 지금의 장학 재단 같은 양현고를 만들어 후학을 길렀어요. 또 여진의 침략을 막기 위해 윤관을 시켜 정복한 동북 지역에 9개의 성을 쌓았지요. 이를 '동북 9성'이라고 해요.

6 23대 고종, 팔만대장경을 만들다!

합천 해인사에 보관된 팔만대장경

1231년부터 여러 차례 몽골의 침입을 받고, 강화도로 수도를 옮긴 후 수십 년 동안 항쟁했어요. 결과적으로 태자를 볼모로 하는 강화가 성립되어, 몽골이 세운 원나라의 속국으로 오랜 세월 지내게 되지요. 하지만 **팔만대장경을 만드는 등 항쟁을 이끌었던 왕**이지요.

고려는 34대의 왕이 나라를 다스렸어요. 1대 태조부터 마지막 34대 공양왕까지 34명의 왕 중에는 큰 업적을 남긴 왕도 있고, 힘이 없는 이름뿐인 왕도 있었어요. 특히 100년간의 무신 정권 시기에는 왕보다 무신이 더 큰 권력을 가졌고, 고려 말기 이성계가 실권을 장악한 이후의 왕들인 32대 우왕, 33대 창왕, 34대 공양왕은 허수아비 왕이나 다름없었지요.

3 6대 성종, 나라의 제도를 마련하다!

부처님 오신 날에 열린 연등회 모습

성종은 최승로가 올린 사회 개혁 상소문인 '시무 28조'를 받아들여 정치, 사회, 문화 전반에 걸쳐 고려를 발전시킨 왕이에요. 빈곤에 시달리는 백성을 위해 의창과 상평창을 설치하고 재정적으로 지출이 컸던 팔관회와 연등회를 폐지하였어요.

4 8대 현종, 거란을 물리치다!

강감찬의 생가터인 낙성대에 세워진 사적비

현종은 고려의 지방을 어떻게 나누는지를 정하는 군현제의 기본 골격을 완성했어요. 현종 때는 거란의 2차와 3차 침입이 일어났는데요. 3차 침입 때는 강감찬이 귀주 대첩에서 큰 승리를 거둔 후, 거란과의 외교를 회복하여 나라를 안정시켰어요.

7 31대 공민왕, 원나라에 반기를 들다!

원나라의 풍속을 금지시킨 공민왕

공민왕은 고려 말에 원나라의 지배를 벗어나고자 여러 가지 개혁 정치를 했던 왕이에요. 당시 고려는 원나라의 풍속을 따라야 했는데 공민왕은 변발을 풀어 헤치고, 원나라 옷을 벗기도 했어요. 원의 세력을 몰아내기도 했으나, 신하들에게 시해를 당하고 말지요.

8 34대 공양왕, 마지막 왕으로 남다!

급진파 사대부에 의해 쫓겨난 왕

이성계의 위화도 회군을 통해 정도전 등 급진파 사대부는 권력을 잡았고, 각종 정치, 사회 개혁을 통해 새로운 왕조 성립의 기틀을 마련했어요. 결국 공양왕은 이때 이미 실권을 장악한 급진파 사대부에 의해 덕이 없다는 이유로 폐위되고 말지요. 고려의 마지막 왕이랍니다.

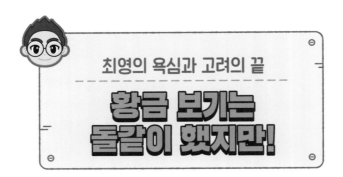

최영의 욕심과 고려의 끝

황금 보기는 돌같이 했지만!

설쌤과 온달, 평강은 고려 시대 말기로 건너왔어요. 그런데 몸이 두둥실 떠오른 채 땅으로 내려오지 않고 있었어요. 온달이 신기해하며 허공을 휘저었어요.

"이게 어떻게 된 일이에요?"

"우리는 지금 최영 장군의 꿈속에 들어와 있어."

"최영 장군? 최영 장군이라면 황금 보기를 돌같이 하라고 한 그 청렴한 장군요?"

평강도 공중에서 몸을 가누지 못한 채 허우적거리며 설쌤에게 다시 물었어요.

"최영 장군은 아버지가 유훈으로 남긴 그 말을 실천하며 살았다고 들었어요. 그런데 왜 우리를 최영 장군의 꿈속으로 데려온 거예요?"

"지금 최영 장군은 경기도 고양에 유배되어 있어. 외로운 신세가 되어 지나온 생애를 꿈꾸고 있지. 이 꿈을 지켜보면 고려 말의 사정을 알 수 있을 거야. 잘 지켜보렴."

설쌤의 말처럼 젊은 최영 장군이 활약한 모습부터 파노라마처럼 여러 일들이 흘러가기 시작했어요.

고려 말은 무척 혼란한 시기였어요. 당시 고려는 80년 가까이 원나라의 지배를 받고 있었어요. 무척 강성했던 원나라도 붉은 두건을 쓴 홍건적이 일으킨 반란을 진압하느라 국력이 쇠약해지고 있던 때였어요. 1354년 홍건적이 원나라를 침입했을 때 원나라는 고려에 군대를 보내달라고 요청했어요. 39세의 젊은 장수였던 최영은 대호군 대장군이란 벼슬을 받고 용맹하게 싸워 혁혁한 전과를 올렸어요.

1364년에는 공민왕의 반원 정책으로 화가 난 원나라가 군대를 보내 고려에 쳐들어왔어요. 이때도 최영 장군이 앞장서 나아가서 모두 물리쳤어요. 1376년부터 몇 년간 이어진 왜구의 침략에서는 당시 이름을 날리던 장수 이성계와 함께 수많은 적들을 물리쳤지요. 최영 장군은 평생을 전쟁터에서 나라를 지키기 위해 몸을 바친 장수였어요.

최영 장군의 파노라마 꿈을 지켜보던 평강이 놀라워하며 말했어요.

"참 존경할 만한 분 같아요. 그런데 저 사람은 누구예요?"

설쌤이 최영 장군에게 말하고 있는 이를 가리켰어요.

"고려의 우왕이란다. 우왕은 최영 장군의 딸을 아내로 맞아 위태로운 자신의 처지를 보호받고 싶어 했지."

그때 최영 장군의 꿈속에서 우왕이 최영 장군에게 말하는 소리가 들렸어요.

"원나라가 물러가면 고려가 좀 평안할 줄 알았습니다. 그런데 명나라가 들어선 후에도 바람 잘 날이 없구려."

"무슨 일이 있사옵니까?"

"명나라가 우리 철령 이북 땅을 돌려달라고 하고 있소. 그 땅이 원래 원나라의 땅이었다며 억지를 부린다오."

최영 장군이 겨우 화를 참으며 말했어요.

"우리 민족의 땅은 훨씬 더 넓었고, 그 땅을 회복하는 것이 제 오랜 소원입니다. 그런데 이제 나라를 세운 명이 얼토당토않은 소리를 하고 있군요."

우왕이 겁먹은 표정으로 물었어요.

"그러면 어찌하면 좋겠소?"

최영 장군이 벌떡 일어서며 말했어요.

"철령 이북 땅은 줄 수 없지요. 아니, 이참에 명이 차지하고 있는 우리의 옛 땅인 요동을 정벌*해서 되찾아야 합니다."

최영 장군의 꿈은 다시 그다음 일로 이어지고 있었어요. 이번에도 우왕과 최영 장군이 함께하고 있었지요. 최영 장군이 우왕에게 전쟁터로 나가기 전에 인사를 올리려 했어요.

"조민수를 좌군도통사, 이성계를 우군 도통사에 임명하고, 제가 총지휘관이 되어 앞장서겠습니다."

우왕은 최영 장군을 말렸어요.

"요동을 정벌하는 것은 좋지만, 최영 장군은 제 곁에 있어 주오. 언제 어느 때 무슨 일이 일어날지 모른단 말이오."

요동을 정벌해서 되찾아 오겠습니다.

최영 장군은 왕의 명령을 거절할 수 없었어요.

"그러면 용맹한 이성계에게 책무를 맡기도록 하겠습니다. 이성계가 이번 요동 정벌을 반대했지만, 다른 마음을 품지는 않겠지요."

최영 장군의 꿈속에서는 이성계가 5만여 군사를 이끌고 나아가는 것이 보였어요. 꿈속의 이성계도 누구보다 늠름한 장수로 보였어요. 온달이 설쌤에게 이성계를 가리켰어요.

정벌(征伐) 征 칠 정 伐 칠 벌
적 또는 죄가 있는 무리를 무력으로써 치는 걸 말해요.

47

"저 사람이 조선을 건국한 태조 이성계예요?"

"맞아. 뛰어난 장수였지."

"그런데 왜 이성계는 요동 정벌을 반대했어요?"

"네 가지 이유를 말했어. 첫째, 작은 나라인 고려가 큰 나라인 명나라를 치는 게 옳지 않다. 둘째, 농사를 지어야 할 여름에 군사를 움직이는 것은 좋지 않다. 셋째, 북쪽으로 군사를 옮기면 왜구가 침범할 수 있다. 넷째, 장마철이라 활에 먹인 아교가 풀려서 활을 제대로 쓸 수 없고 전염병이 돌 수 있다. 이것을 '사불가론'이라고 하지."

이성계를 비롯한 군사들을 요동 정벌에 보낸 최영 장군은 우

왕과 함께 수도인 개경에 머물렀어요. 1388년 4월 18일에 서경에서 출발한 정벌군이 1388년 5월 7일에 압록강 하구에 있는 섬 위화도에 도착했다는 전갈이 날아왔지요. 최영은 그 소식을 듣고 우왕에게 전했어요.

"위화도라면 요동으로 가는 바로 앞이니 이제 전열을 가다듬고 요동 공격을 시작할 것 같군요."

보름쯤 지났을 때 놀라운 소식이 들려왔어요. 이성계가 요동으로 진격하지 않고, 군사를 돌려 개경으로 돌아온다는 소식이었어요.

우왕이 깜짝 놀라서 최영 장군을 불러들였어요.

"이 일을 어찌하면 좋겠소? 이성계가 반역의 마음을 품고 있는 것 같소."

"이놈들! 제가 모두 물리치겠습니다."

이성계의 병력은 무척 빨리 개경으로 되돌아왔어요. 위화도에서 5월 22일 출발한 병력의 선발대가 6월 1일에 개경에 도착했고, 6월 3일부터 본격적인 싸움이 벌어졌어요. 성을 지키던 최영의 병력은 숫자가 훨씬 적었지만 쉽게 무너지지 않았어요. 하지만 역부족이었지요. 용맹한 이성계는 개경의 도성 안으로 공격해 들어가 승패를 결정지었어요. 이 소식을 들은 최영 장군이 자신의 손을 잡고 울고 있는 우왕의 손을 떼고, 큰절을 올렸어요. 그러고는 밖으로 나가 이성계를 만났어요. 이성계가 최영 장군을 보자 눈물을 터뜨리며 말했어요.

"이것은 제 뜻이 아닙니다. 나라가 평안하지 않아 백성들의 원망이 하늘에 사무쳐 부득이하게 일어난 일입니다. 장군, 부디 잘 가십시오."

그 길로 최영 장군은 경기도 고양의 유배지로 떠나게 되었지요. 꿈은 거기서 멈추었어요. 최영 장군의 꿈속에 머물고 있던 설쌤과 온달, 평강이 불쑥 꿈 밖으로 나왔어요. 셋은 아래로 떨어져 데구루루 굴렀어요.

"엇, 여기는 꿈속에서 봤던 그 최영 장군의 처소잖아?"

온달이 옷을 털고 일어나며 말했어요. 그때 흙먼지를 날리며 말들이 달려오는 것이 보였어요. 평강이 놀라서 설쌤과 온달을 사립문 밖의 숲으로 이끌었어요.

"또 무슨 일이 벌어지려는가 봐요?"

설쌤이 갑자기 눈물을 뚝뚝 흘렸어요.

"저 군사는 최영 장군을 개경으로 압송*해 가려는 이들이야. 유배를 보내고 1388년 겨울에 최영 장군은 다시 개경으로 불려가 참형을 당한단다."

압송(押送)　　押 누를 압　送 보낼 송
피고인 또는 죄인을 어느 한 곳에서 다른 곳으로 호송하는 일을 말해요.

군사들이 말을 멈추고 최영 장군을 불렀어요.

"죄인은 어서 나오라!"

곧 최영 장군이 의복을 단정히 하고 밖으로 나왔어요. 최영 장군이 하늘을 올려다보며 혼잣말을 하는 듯했어요. 온달이 설 쌤에게 물었어요.

"뭐라고 하는 걸까요?"

"영토를 넓히려던 욕심이 고려를 망하게 했다고 자책하지 않았을까?"

찬 바람이 매섭게 불었어요. 이제 곧 처형장으로 끌려갈 최영 장군의 마음속에는 더 매서운 칼바람이 불 것 같았어요. 온달이 이를 달달 떨며 겨우 입을 뗐어요.

"고려가 망한 건 최영 장군 탓만은 아닌 것 같아요. 요동을 정벌하려 한 계획을 무리하게 밀어붙인 일이 결정적 계기가 되긴 했지만요."

세 사람은 끌려가는 최영 장군의 마지막 모습을 씁쓸히 바라보았지요.

고려와 원나라의 외교 관계

💬 고려가 원나라의 지배를 받았다고요?

앞으로 이름 앞에 '충(忠)'자를 붙이도록 해!

원나라는 몽골족이 세운 나라예요. 13세기 초 칭기즈 칸이 몽골족을 통일한 후, 유럽까지 진출하여 큰 제국을 건설했는데, 쿠빌라이 시기에 와서 원나라를 선포하고 송나라를 멸망시켜 중국 전체를 정복해 버린 거예요. 원나라는 고려를 간섭하기 위해 서경에 동녕부, 수도인 개경에 정동행성, 화주에 쌍성총관부 등의 관청을 두었고, 원나라 지배기인 25대 충렬왕부터 충선왕, 충숙왕, 충혜왕, 충목왕, 충정왕 등 6명의 왕은 원나라에 충성한다는 의미로 '충'으로 시작하는 왕명을 가지게 되었어요.

흑, 이름도 마음대로 못 쓰네.

금과 은, 매, 여자까지 조공으로 바치라니 원….

이제 고려왕은 '폐하' 대신 '전하(殿下)'라고 하래.

💬 원나라의 풍습은 어떤 것이 있어요?

변발이 유행했어요. 충렬왕은 원나라 황제의 딸과 결혼했는데 왕비를 맞으러 갈 때 변발을 하지 않은 신하에게 따라오지 말라고 할 정도였어요.

아, 아니 전하의 머리가…!

원나라의 의복인 호복이 유행하고, 궁궐에서는 원나라에서 온 왕비와 신하들이 몽골어를 사용하기도 했어요.

이게 요즘 최신 유행하는 스타일이라지?

이때 원나라로 간 고려 사람들에 의해 고려의 풍습도 유행했는데 이를 '고려풍', 또는 '고려양'이라고 했어요. 이때 상추에 쌈을 싸 먹고, 시루에 떡을 해 먹는 것도 전파되었다고 해요.

◀떡시루

▲상추쌈　　▲비파

고려풍

고려 패망에 대한 오해와 진실

💬 위화도가 어디예요?

백두산을 중심으로 서해로 뻗어가는 강이 압록강, 동해로 뻗어가는 강이 두만강이에요. **위화도는 압록강의 하구에서 서해와 만나는 지점에 있는 섬**이에요. 원나라가 망한 후, 명나라는 철령 이북 땅을 자신들이 다스리길 원했고, 이에 고려는 요동 땅을 정벌하러 나서지요. 이 요동은 압록강 위쪽에 있는 요하의 동쪽 땅을 일컫는 말이에요.

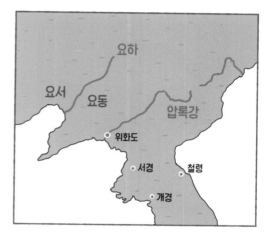

요하 동쪽을 요동, 서쪽을 요서라고 불렀지요. 고려는 고구려 사람들의 터전이었던 이 요동 땅도 우리 민족의 영토라고 여기고 있었고, 이를 되찾으려 요동 정벌을 계획한 것이었지요.

💬 우왕은 어떻게 되었어요?

흑, 유배 가기 싫어~!

이성계가 권력을 차지하고 바로 조선을 건국한 것은 아니에요. 우왕 다음으로 창왕, 그리고 공양왕까지 세 명의 왕을 거친 후 조선을 건국했지요. 위화도 회군 후 우왕은 이성계와 조민수를 제압하기 위해 직접 무장하고 병사들을 이끌어 이성계와 조민수 등의 집으로 쳐들어갔어요. 하지만 이는 실패로 끝났고, 강화도로 유배를 보내어진 다음 처형당하게 돼요.

이성계는 우왕의 아들인 창왕을 왕으로 내세우지만 창왕도 같은 해에 폐위되어 10살의 나이로 처형을 당하고 말지요. **마지막 왕인 공양왕은 정몽주와 함께 고려를 지키려다가 이성계 세력에 의해 폐위**되고 강원도 삼척으로 유배당한 후, 1394년에 죽음에 이르고 말지요.

고려 말, 조선이 건국될 때 일어난 일들!

몽골족이 세운 원나라가 혼란에 빠지다!

원나라의 초대 황제 쿠빌라이 칸

원나라는 몽골족이 세운 나라예요. 1271년에 세워져 100여 년간 중국을 지배했어요. 말기에 이르러 왕족과 신하 간의 권력 다툼이 심했어요. 거기에 몽골족에게 핍박받던 이들이 일으킨 홍건적의 난 등으로 혼란에 빠지다 명나라에 의해 북으로 쫓겨났어요.

명나라가 원나라를 물리치다!

명나라의 초대 황제인 주원장

1351년 중국에서는 홍건적의 난이 일어났어요. **주원장은 홍건적의 우두머리 격으로 점차 세력을 넓혀 1368년에 명나라를 세워요.** 원나라는 명나라에 의해 북으로 쫓겨나 근근이 명맥을 유지하다가 1388년에 명나라가 보낸 군대에 의해 토벌되고 말지요.

신진 사대부가 등장하다!

정도전이 쓴 글을 모은 문집인 <삼봉집>

사대부란 말은 학자이면서 관료이자 정치인을 뜻해요. 고려 말기엔 권문세족 외에 이런 사대부들이 등장했어요. 새롭게 등장해서 신진 사대부라고 불렸지요. 고려 왕조를 유지하려 한 정몽주, 길재와 새로운 왕조를 세우려 한 정도전, 조준 등으로 세력이 갈렸어요.

고려의 충신 정몽주가 죽다!

정몽주가 죽임을 당한 선죽교

정몽주는 이성계가 새로운 왕조를 세우는 것을 반대했어요. 서로 아끼고 존중하는 사이였으나, 생각은 달랐어요. 이에 이성계의 아들인 **이방원(훗날 조선 태종)이 자신의 수하들을 시켜 선죽교에서 정몽주를 죽임으로써** 반대하는 세력을 꺾을 수 있었지요.

어느 왕조든 말기가 되면 사회가 혼란해져요. 혼란한 사회였기 때문에 멸망에 가까워졌다는 표현이 맞을 거예요. 고려 말기에도 그런 일들이 많이 일어났어요. 특히 홍건적과 왜구의 침범이 빈번해서 백성들은 살기가 어려웠고, 이에 고려 왕실을 향한 불만과 원성이 쏟아져 나왔어요. 이런 혼란기를 맞아 이성계는 새로운 나라의 첫 임금인 조선의 태조가 될 수 있었던 거랍니다.

홍건적이 고려를 침공하다!

우린 한족을 중심으로 원나라에서 일어난 농민 반란군이야.

머리에 붉은색 두건을 둘러서 홍건적으로 불리지.

고려까지 침공해 온 홍건적 무리

홍건적의 난은 고려에서도 골칫거리였어요. 원나라의 공격으로 수세에 몰린 **홍건적은 몇 차례나 압록강을 넘어 고려를 침공**했지요. 한때 개경이 함락되어 공민왕이 경상북도 안동까지 피신하기도 했으나, 고려군은 반격을 가해 국경 밖으로 쫓아내었지요.

왜구가 침략해 백성들을 괴롭히다!

왜구와의 해전인 진포 대첩을 재연한 행사

왜구는 지금의 일본에 살던 해적 집단을 일컫는 말이에요. **왜구들은 고려와 조선 시대 내내 우리 영토를 침범**했어요. 고려 말에 특히 왜구의 침범이 잦았고, 백성들의 고초는 이루 말할수 없었어요. 이때 최영, 이성계 등의 장수들이 왜구를 물리치는 데 큰 공을 세워요.

왕씨를 몰살하다!

왕씨 살려!

강화도 앞바다에서 익사당한 왕씨들

고려의 왕족은 모두 개성 왕씨였어요. 태조 왕건의 후손들이었지요. 조선 건국 후 신하들은 태조 이성계에게 왕씨를 없애야 한다고 계속해서 상소를 올렸어요. 이에 **왕씨 일족들을 강화도 앞바다에서 익사**시키기도 했어요. 남은 왕씨들은 성을 바꾸어 살아 갔지요.

충신들은 두문불출하다!

내가 죽는 한이 있더라도 조선의 신하가 되진 않겠다!

두문동에서 나오지 않은 고려의 충신

집에만 있고 밖으로 나오지 않는 것을 두문불출이라고 해요. 이 말은 고려의 충신 72명이 고려가 망한 후, **황해도 개풍의 두문동에 들어가서 그 뒤로 세상에 나오지 않아 생긴 말**이에요. 이들은 새로운 왕조인 조선을 받아들이지 않고, 벼슬자리도 원하지 않았다고 해요.

단종 복위를 꿈꾸었던 성삼문

아니 어디서 말이 새어 나갔지?

"원하는 대로만 이룰 수 있으면 얼마나 좋겠니? 역사를 따라가 보면 작은 실수를 범하거나 예기치 않은 일이 발생해서 일을 그르치곤 한단다. 이번 여행에서 지켜볼 부분이야."

설쌤이 온달과 평강을 데려온 곳은 어느 한옥이었어요. 달빛도 잘 보이지 않는 캄캄한 밤이었어요. 설쌤이 온달과 평강을 사랑방 가까이 데리고 갔어요. 낮은 등불이 방 안에 켜져 있었고, 누군가 소곤소곤 말을 하고 있었어요. 평강이 귀를 기울이다가 설쌤에게 물었어요.

"무슨 말을 하는지 잘 들리지 않아요. 저 사람들은 누구예요?"

"성삼문과 박팽년이지."

온달이 아는 척을 했어요.

"유명한 집현전 학자들이잖아요. 세종 대왕이 한글을 창제할 때도 도왔던 아주 똑똑한 사람들 맞죠? 한글을 어떻게 만들지 상의하는 건가?"

설쌤이 고개를 가로저었어요.

"지금은 세종 대왕이 돌아가신 다음인 세조 때란다. 태정태세문단세! 태조 이성계가 조선을 건국한 다음 둘째 아들인 정종을 거쳐, 또 다른 아들인 이방원이 태종이 되었잖아. 그 태종의 아들이 세종 대왕이었고, 그다음 세종 대왕의 아들이 문종이었는데 문종은 왕이 된 지 2년 만에 죽고 말았어. 그래서 세종 대왕의 손자인 단종이 겨우 11살의 나이로 왕이 되었단다. 세종 대왕에겐 아들이 셋 있었는데 둘째 아들인 수양대군이 단종이 왕이 된 지 3년여 만인 1455년에 조카에게서 왕의 자리를 넘겨받아 세조가 되었지."

온달이 고개를 갸웃거렸어요.

"왜 단종이 삼촌에게 왕의 자리를 준 거예요?"

"김종서와 황보인 같은 대신들이 나랏일을 도맡아 하고 있었는데 수양대군은 왕이 어려서 나쁜 신하들이 나랏일을 망치고 있다는 명분으로 그 신하들을 모두 죽였어. 1453년 10월에 일어난 일로 '계유정난'이라고 해. 그 후로 단종은 자신의 삼촌을 무서워하다가 언제 자신의 목숨이 뺏길지 모른다는 불안감에 1455년에 왕위를 수양대군에게 넘기고 물러나게 된 거야. 지금은 그로부터 또 시간이 지난 1456년이지."

이야기를 듣고 있던 평강이 이를 빠드득 갈았어요.

"어휴, 세조는 나쁜 사람이었네요. 혼내 주고 싶어라."

"쉿! 지금 성삼문과 박팽년이 그 이야기를 하고 있는 거야. 조용히 하고 잘 들어 봐."

세 사람은 까치발로 살금살금 다가가서 바짝 귀를 갖다 대었어요. 성삼문과 박팽년 둘 중 누구의 목소리인지는 구분할 수 없었지만 두 사람의 말소리가 오가는 소리가 들렸어요.

"수양대군에게 옥새를 전달할 때 내가 그 임무를 맡게 된 것이 너무 부끄러웠소. 이제 잘못된 일을 제대로 되돌릴 때가 되었소. 6월 1일에 창덕궁에서 명나라 사신을 위한 연회가 열린다 하오. 왕 좌우에서 호위*하는 별운검에 우리와 뜻을 같이 하기로 한 유응부와 저의 아버지 성승께서 그 역할을 맡게 되었소. 그날 수양대군을 제거하기로 합시다. 그런 다음에 다시 상왕(단종) 전하를

크흑, 수양대군에게 옥새를 전달해야 하다니….

호위(護衛)	護 보호할 호 衛 지킬 위 따라다니며 곁에서 보호하고 지키는 거예요.

왕으로 모시는 것이오. 어떻소?"

"좋은 계책이오. 성공할 수 있도록 만전을 기합시다."

그 이야기까지 들은 후, 설쌤이 평강과 온달을 데리고 한옥을 빠져나왔어요. 온달이 대문을 열고 나갈 때 궁금해서 못 참겠는지 설쌤에게 물었어요.

"성공해요?"

"그날 거사를 치르지 못하게 돼. 한명회가 세조에게 별안간 별운검을 세우지 말자고 하거든. 그러자 유응부는 성삼문과 박팽년에게 그렇다 하더라도 그날 거사를 치르자고 했지만, 성삼문과 박팽년은 더욱 만전을 기해 다음을 노려보자고 하지."

"그럼 다음에는 성공해요?"

"그걸 알고 싶으면 따라와 보렴."

며칠 후, 세 사람은 한 사람을 몰래 쫓아갔어요. 설쌤이 평강과 온달에게 들키지 않게 조심하라고 했고, 온달은 또 궁금해서 물었어요.

"저 사람이 누구길래 그래요?"

"김질! 성삼문, 박팽년과 함께 단종 복위를 하기로 한 인물이지."

"아, 그러면 이제 다시 거사를 치르려고 하는 건가?"

세 사람은 몰래 김질을 따라가 보았어요. 김질은 커다란 한옥으로 들어갔어요. 세 사람은 높은 담을 겨우 넘어서 김질이 들어간 방 앞에 귀를 대고 안에서 무슨 이야기가 오가는지 엿들었지요.

　"장인어른, 성삼문과 함께 세조를 없애려다가 날을 미루었습니다. 계획이 성공할 수 있을지 두렵습니다."

　"아니, 큰일 날 소리하지 말게. 그편에 섰다가 실패하는 날이면 우리 집안은 풍비박산 나고 말아. 차라리 지금 바로 달려가서 세조께 이 사실을 알리세. 그럼 우리는 안전하게 되고, 부귀영화를 누릴 수 있을 걸세."

　몰래 엿듣고 있던 평강이 설쌤의 팔을 잡고 흔들었어요.

　"어휴, 저 사람들이 고자질하겠네요?"

　"맞아! 그래서 성삼문, 박팽년 등이 단종을 왕으로 복위시키려 한 계획은 실패하고 말아. 이제 실패한 다음 성삼문과 박팽년이 어떻게 되는지 보러 가자."

　세 사람은 김질의 장인 집에서 나왔어요. 다음 날은 굶주린 배를 채우려고 초가집에 가서 일손을 도왔어요. 주인 할머니가 보답으로 먹음직스러운 배를 내왔어요. 온달은 배를 일곱 개째 먹으면서도 부족한지 입을 삐죽거렸어요.

"어휴, 따뜻한 쌀밥 한 그릇만 주면 내 영혼도 팔 수 있을 거
같아."

설쌤이 그 말을 듣고 온달을 꾸짖었어요.

"밥 한 그릇에 영혼을 팔다니 성삼문을 본받으렴."

설쌤은 둘을 또 어디론가 데려갔어요. 그곳에는 병사들이 삼
엄하게 경비를 서고 있었고, 가까이 다가갈수록 소름 끼치는
비명과 고함이 들렸어요.

으아악!

"으, 무서워라. 여기가 어디예요?"

평강이 몸을 으스스 떨며 설쌤에게 바짝 붙었어요. 온달은

덩달아 평강 뒤로 숨었지요.

"여기는 단종 복위를 계획했던 이들이 발각되어 붙잡혀 온 곳이야. 지금 화가 난 세조가 직접 성삼문과 박팽년을 국문하고 있어. 아주 끔찍한 일이 일어나는데 보기가 힘들면 눈을 감으렴."

그때 세조의 호통이 들렸어요.

"이놈, 성삼문! 너는 내가 내려 준 녹을 받아먹으면서 어찌 역모*를 꿈꾸었느냐?"

"나으리, 저는 나으리가 준 쌀을 한 톨도 먹지 않았습니다."

세조는 성삼문의 말에 더욱 화가 나서 소리를 질렀어요.

"이놈, 나를 아직도 나으리라고 부르다니! 나는 이 나라의 왕이다! 전하라고 부르지 못할까?"

"나으리, 충성된 신하가 어찌 두 임금을 섬길 수 있으리오. 제겐 상왕(단종) 전하만이 저의 임금이옵니다."

세조는 박팽년에게도 직접 국문했어요.

"너는 내게 올린 글에서 나의 신하라는 의미에서 '신(臣)'이라고 표현하지 않았느냐? 그런데 왜 이런 역모를 꿈꾸었느냐? 속히 대답하라!"

"저는 나으리께 그렇게 표현한 적이 없습니다. 다시 잘 살펴

역모(逆謀)　逆 거스를 역 謀 꾀할 모
반역을 꾀하거나 그런 일을 말해요.

보십시오. 그건 '신(臣)' 자와 비슷한 '거(巨)' 자였습니다."

세조는 더욱 화가 나서 길길이 날뛰었어요.

"이 자들을 더욱 세게 쳐라!"

그들을 심문하는 자리에서는 다시 매질을 가하는 소리와 비명이 들렸어요. 쇠를 벌겋게 달구어 살을 지지는 소리가 들렸고, 살이 타는 냄새가 코를 찔렀어요.

"윽, 더 이상 여기 못 있겠어요."

평강과 온달이 얼굴을 찌푸리며 설쌤을 바라보았어요.

"그래! 나도 참고 보기 힘들구나."

설쌤과 평강, 온달이 자리를 벗어날 때 뒤에서 날카로운 비명이 다시 들렸어요. 그건 성삼문의 목소리였어요. 평강이 양손으로 귀를 막았어요.

"후유, 얼마나 아프고 고통스러울까요?"

"고문을 당하는 고통보다 뜻을 이루지 못해서 더 고통스러울 거야. 계획을 세우고 바로 실행하지 않은 것이 한이 되겠지."

온달은 설쌤의 말뜻을 알 것도 같았지요.

조선 시대의 대표적인 충신들!

사육신과 생육신이 뭐예요?

단종 복위 거사가 실패로 끝나자 세조는 관련자들을 모두 엄하게 다스렸어요. 주요 관련자 70여 명은 처형을 당하거나 유배를 보냈고, 그 가족들과 또 다른 관련자들 500여 명도 처형을 당하거나 노비 신세로 전락시키기도 했지요. 이중 성삼문, 박팽년, 이개, 하위지, 유성원, 유응부 등 죽임을 당한 여섯 신하를 사육신이라고 부르고, 김시습, 원호, 이맹전, 조여, 성담수, 남효온 등 목숨을 잃지 않고 살았지만 평생 벼슬길에 나아가지 않았던 여섯 신하를 생육신이라고 하지요.

단종은 어떻게 되었나요?

세조는 단종을 상왕에서 폐위하여 노산군으로 낮추고, 강원도 영월로 유배를 보내요.

단종이 유배를 간 영월의 청령포는 3면이 강으로 둘러싸여 있어서 꼼짝을 못 하는 곳이었지요. 단종은 그곳에서 외롭게 시간을 보냈어요.

1457년 10월 영월 청령포에 세조가 보낸 신하들이 사약을 들고 왔고, 단종은 사약을 마시는 대신 활시위로 자신의 목을 감아 숨을 거두었다고 해요.

🗨 노량진에 사육신의 묘가 있다고요?

사육신들은 극한 처형을 당했어요. **성삼문을 비롯한 여섯 신하들은 벌겋게 달군 쇠로 살이 뚫리는 고문과 팔이 잘리는 고문을 받다가 거열형에 처해졌어요.** 거열형이란 팔다리의 끝을 묶어 사방에서 말이 그 끈을 끌어당기는 극형을 말해요. 온몸이 찢어지는 참혹한 처형 방법이었어요. 그런 후, 여러 곳을 돌며 길거리에 시신을 전시했어

▲노량진에 있는 사육신 묘

요. 나라에 반역을 하면 끔찍한 일을 당한다는 것을 보여 주기 위함이었지요.

이 시신들을 생육신 중 한 사람인 김시습이 수습해서 노량진에 묘를 만들어 주었다고 해요.

🗨 세조는 나쁜 왕이었나요?

세조는 어린 조카를 밀어내고 왕의 자리를 차지해서 반대 세력이 많았어요. 왕위에 있는 동안 반대 세력을 무자비하게 처단했고, 그래서 오히려 가장 강력한 왕권을 가질 수 있었어요. 세조는 강한 왕권으로 많은 일들을 해 나갔어요.

북방 개척에 힘써서 신숙주로 하여금 두만강 너머의 여진족을 소탕하게 했고, 충청도, 경상도, 전라도의 백성들을 평안도, 강원도, 황해도로 이주시켜 국토의 균형 발전을 꾀했어요. 또 **세습 등을 통해 문제가 쌓였던 토지 제도인 과전법을 직전법으로 바꾸어, 국가의 수입이 늘고** 재정이 튼튼해졌어요. 또한 국가의 모든 법을 체계적으로 정리하기 위해 <경국대전>의 편찬을 시작하게 했고, 이는 성종 때 완성되었지요.

조선을 움직인 나라의 중요한 관청들!

최고 행정 기관인 의정부!

결재 부탁드리옵니다.

의정부

임금과 수시로 나라의 일을 논의한 의정부

왕의 아래에 그다음으로 높은 벼슬은 영의정이었어요. 영의정과 좌의정, 우의정을 합쳐서 3정승이라고 불렀고, 이를 의정부라고 했어요. 의정부는 조선 시대를 거치며 기능이나 역할이 조금씩 바뀌기도 했지만, **나라의 가장 큰 결정이 이루어지는 기관**이었지요.

나랏일을 나누어 맡은 육조!

조선 시대 육조 거리 모형

인사를 담당한 이조, 세금과 예산을 맡은 호조, 나라의 제사와 행사, 과거 시험, 외교를 담당한 예조, 국방에 관한 업무를 한 병조, 범죄와 법률을 담당한 형조, 나라의 토목 공사 등을 맡았던 공조, 이 여섯 기관을 육조라고 해요. **지금의 행정 각 부처에 해당되지요.**

임금의 비서 기관, 승정원!

승정원에서 문서와 사건을 기록한 <승정원 일기>

왕명을 전달하던 비서 기관이에요. 승정원은 **임금의 명령인 왕명을 신하나 여러 관청에 전달하는 역할**을 할 뿐만 아니라 상소와 같은 중요한 문서들을 임금에게 전달하고 보고하는 역할을 맡았어요. 의정부, 육조, 사헌부, 사간원과 함께 중요한 나라의 기관이었지요.

범죄자를 잡아들이는 의금부!

의금부를 그린 그림인 금오계첩

중대한 범죄를 다루던 사법 기관으로 임금의 명령을 받들어 **중죄인을 체포하고 조사하는 일을 맡아 하던 기관**이에요. 주로 반역죄나 왕족의 범죄 등 중대한 범죄를 다루었어요. 민심을 살피거나, 몰수한 죄인의 재산을 처리하거나, 외국인의 범죄도 다루었다고 해요.

조선 시대는 중앙에 여러 관청을 두어 체계적으로 나라를 운영하였어요. 의정부와 6조 외에도 승정원과 의금부, 사헌부, 홍문관, 사간원, 한성부, 춘추관, 성균관으로 나뉘었는데 이중 사헌부와 홍문관, 사간원을 묶어 '3사'라고 불렀어요. 3사는 왕권 견제 기구로서 관리의 비리를 감찰하고 정사를 비판하며, 언론 기능도 담당하였어요.

감찰 기관 사헌부!

사헌부에서 궁궐에 오가는 관원을 감찰한 동십자각

고려 · 조선 시대 때 있던 감찰 기구예요. 사헌부에서는 정사를 논의하고 **어지러운 풍속을 바로잡으며 관리의 불법 행위 등을 조사하여 그 책임을 묻는 일** 등을 하였어요. 의정부, 육조와 함께 나랏일을 논할 때나 세자를 교육하는 자리에 참여하기도 했어요.

왕에게 쓴 소리를 한 사간원!

올곧은 학자들이 주로 임명된 사간원

임금이 옳지 못한 행동을 하거나 잘못된 일을 하는 경우, **임금의 행동에 대해 비판하고 바로잡는 일**을 하던 관청이에요. 주로 학식이 높고 품행이 곧은 학자들이 사간원에 임명되었어요. 법률을 제정하거나, 정치와 관련해 임금과 논쟁하는 것이 주된 업무이기도 했어요.

문헌을 관리하고 왕에게 자문한 홍문관!

왕의 독주를 견제하기도 한 언론 기관

궁중의 도서나 문서를 관리하고 임금의 자문에 응하는 일을 했어요. 여기서 '자문'이란 어떤 일을 바르게 처리하기 위해 그 방면의 전문가에게 의견을 묻는 것을 뜻해요. **홍문관은 자문 역할로 왕의 독주를 견제**하였지요. 사헌부, 사간원과 더불어 언론 삼사라고 했어요.

국립 최고 교육 기관, 성균관!

서울 종로구에 남아 있는 성균관

조선 시대 최고의 교육 기관이에요. 학생들에게 유학을 가르치는 것뿐만 아니라 앞서간 유학자들의 제사를 지내는 역할도 담당했어요. 성균관의 학생인 유생들은 주로 공동생활을 하였기 때문에 강의실을 비롯해 기숙사나 식당, 도서관 같은 시설들이 있었지요.

설쌤이 말씀하신 교훈을 알겠어요.

그래? 어떤 교훈을 얻었니?

계백에게선 올바른 판단을 해야 한다는 걸 배웠죠.

관창을 죽인 것이 결국 신라군의 사기를 오르게 한 셈이 되었으니까요.

오, 대단한데?

그럼 고려의 무신 시대가 열리는 현장에선 뭘 배웠는데?

남을 깔보고 업신여기면 안 된다는 것!

또 최영 장군에게선 무리한 욕심을 부리면 안 된다는 것도 배웠고,

계획을 세우면 신속하게 실행해야 한다는 것도 배웠어. 나같이 입이 무거운 사람하고만 비밀을 나누어야 한다는 것도!

역사 여행을 하다 보니까 나도 힘을 더 기르고 싶어졌어.

무예를 갈고닦아서 멋진 부마가 되어야지!

70

흑, 도둑질하려고 체력 운동을 얼마나 열심히 했는데…!

그럴 시간에 열심히 일을 하지 그랬어?

앞으론 도둑질하지 말고 착하게 살아요!

온달아, 네게 부족한 점을 또 알게 되었구나.

부족? 제 단점요? 전 단점이 없는 게 단점인데. 너무 완벽해서 죄송해요.

아…. 그건 아니고….

용기와 자신감! 그리고 도전하는 정신! 온달에게 도전 정신을 가르쳐 주러 떠나 보자!

좋아요!

2 찬란한 도전

>>> >>> >>>

약 70만 년 전
구석기 시대
시작됨

기원전 8000년경
신석기 시대
시작됨

기원전 2333년
단군왕검,
고조선 건국

기원전 108년
고조선 멸망

떼석기

빗살무늬
토기

팔만대장경

1392년
고려 멸망
이성계,
조선 건국

조선 시대
1392년~1897년

1251년
팔만대장경 완성

1443년
세종, 훈민정음 창제
(1446년, 반포)

1258년
최 씨
무신 정권
무너짐

1231년
몽골 1차 침입
(~1259년, 6차례)

1592년
임진왜란
일어남

1636년
병자호란
일어남

수원 화성

1882년
임오군란 일어남

1884년
갑신정변 일어남

1796년
수원 화성
완공

1811년
홍경래의 난
일어남

1876년
강화도 조약
맺음

1894년
동학 농민 운동
일어남

1866년
제너럴셔먼호 사건,
병인양요 일어남

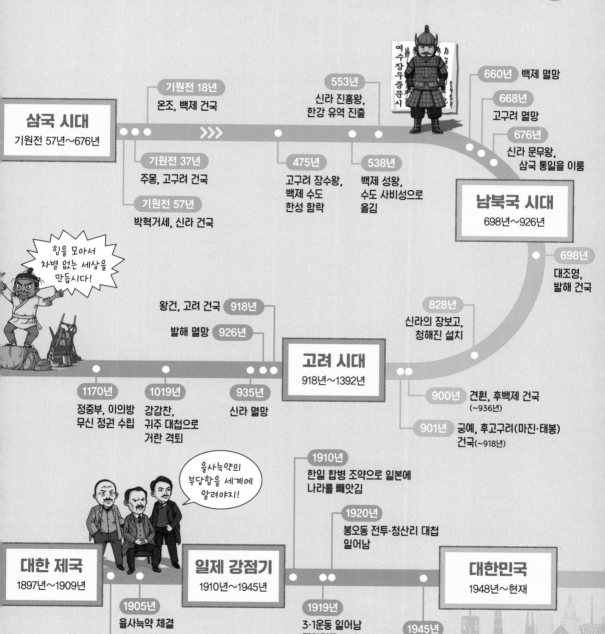

- 백만 대군이 별거냐!
- 조씨가 왕이 된다고?
- 최초의 신분 해방 운동
- 고종 황제를 퇴위시킨 헤이그 특사

삼국 시대
기원전 57년~676년

기원전 18년
온조, 백제 건국

기원전 37년
주몽, 고구려 건국

기원전 57년
박혁거세, 신라 건국

553년
신라 진흥왕,
한강 유역 진출

475년
고구려 장수왕,
백제 수도
한성 함락

538년
백제 성왕,
수도 사비성으로
옮김

660년 백제 멸망

668년
고구려 멸망

676년
신라 문무왕,
삼국 통일을 이룸

여수장우중문시

남북국 시대
698년~926년

698년
대조영,
발해 건국

828년
신라의 장보고,
청해진 설치

힘을 모아서
차별 없는 세상을
만듭시다!

왕건, 고려 건국 918년

발해 멸망 926년

고려 시대
918년~1392년

900년 견훤, 후백제 건국
(~936년)

901년 궁예, 후고구려(마진·태봉)
건국(~918년)

1170년
정중부, 이의방
무신 정권 수립

1019년
강감찬,
귀주 대첩으로
거란 격퇴

935년
신라 멸망

을사늑약의
부당함을 세계에
알려야지!

1910년
한일 합병 조약으로 일본에
나라를 빼앗김

1920년
봉오동 전투·청산리 대첩
일어남

대한 제국
1897년~1909년

일제 강점기
1910년~1945년

대한민국
1948년~현재

1905년
을사늑약 체결

1897년
대한 제국 성립

1919년
3·1운동 일어남
대한민국
임시 정부 수립

1945년
8·15 광복

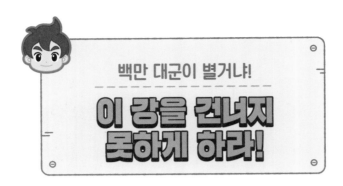

백만 대군이 별거냐!

이 강을 건너지 못하게 하라!

"이번엔 마음을 단단히 먹어. 가장 위험하면서도 긴 여행이 될 거야."

낯선 곳에 도착하자마자 설쌤이 겁을 잔뜩 주었어요. 깜깜한 밤 잠든 병사들이 여기저기 보였고, 보초를 서고 있는 병사들은 긴 창을 들고 있었어요. 평강이 설쌤에게 겁먹은 얼굴로 물었어요.

"우리가 어느 시대, 어디로 온 거예요?"

"고구려 영양왕 때란다. 지금은 612년, 저기 보이는 강이 요하이고, 우리는 고구려 병사로 위장해야 해."

설쌤은 갑옷 하나와 또 다른 병사들이 입는 옷을 건넸어요. 온달이 멋져 보이는 갑옷을 입더니 볼멘소리를 했어요.

"윽, 이건 너무 무거워요. 벗으면 안 돼요?"

"안 돼. 너를 보호해 줄 갑옷이야. 고구려군의 갑옷은 화살이 뚫을 수 없을 정도의 튼튼한 철갑으로 만든 것이야. 온달은 중장보병이 되었으니 좀 무겁지만 참으렴."

설쌤이 평강에게는 도끼를 건넸어요.

"평강은 도끼로 싸우는 부월수로 위장해."

"그럼 설쌤은요?"

"난 경보병이 될게. 무거운 무기는 안 들지만 빨리 달려야 하지."

온달과 평강이 마주 보며 헛웃음을 지었어요.

"제일 편한 걸 하시네."

"맞아. 이건 불공평해."

그때 강 건너편에서 함성이 들렸어요. 설쌤이 온달과 평강에게 몸조심하라고 당부했어요.

"저건 요하 건너편에 있는 수나라 군사가 낸 소리야. 수나라는 초대 황제 고조가 581년에 즉위한 후 589년에 남쪽의 진나라를 멸망시키며 중국을 통일했고, 두 번째 황제였던 양제가 고구려로 쳐들어왔어. 수나라는 지금의 베트남 일부까지 영토를 차지하고 북방의 사나운 유목 민족들까지 복종시킬 만큼 국력이 대단했었어. 그런데 고구려만 자신들에게 고개를 숙이지 않아서 무려 113만 대군을 보내 고구려를 침공한 거야."

"우아, 어마어마한 숫자네요."

온달이 놀라워하자 설쌤이 어깨를 으쓱거렸어요.

"수나라 양제는 고구려를 침공하기 위해 함선을 새롭게 수백여 척이나 만들었어. 수군도 따로 서해를 건너 평양성 가까운 곳으로 가도록 했지."

"으, 고구려가 도저히 이길 수 없겠는걸요."

"지금부터 이 싸움이 어떻게 되는지 잘 지켜봐."

다음 날 수나라 군사의 총공격이 시작되었어요. 어마어마한 숫자의 수나라 군사들이 요하를 건너 고구려 군사를 향해 진격했어요. 요하를 사이에 두고 한 달가량 수나라 군사를 막아내던 고구려 군사들이 이번에는 견디지 못하는 것 같았어요. 한 장수가 군사들에게 외쳤어요.

"후퇴하라! 모두 요동성 안으로 후퇴하라!"

설쌤과 온달, 평강도 군사들에 섞여서 요동성 안으로 들어갔어요. 요동성은 천하의 요새였어요. 높이가 30미터가량 되었고, 적이 접근해 공격할 때 효과적으로 방어할 수 있도록 만들어진 치, 옹성, 어긋문 등이 있어서 쉽게 무너뜨릴 수 없어 보였어요. 하지만 수나라 군사도 만만치 않았어요.

요동성을 수백 겹으로 둘러싸고, 성을 기어오를 수 있는 사다리차인 운제, 높이 올라가서 공격하도록 만들어진 소차, 여럿이 커다란 돌을 날릴 수 있는 투석기 등을 이용해 매일 요동성을 공격해 왔어요. 고구려 군사들은 아주 용맹해서 성벽 위에서 날아오는 돌과 화살을 피하며 아래쪽의 수나라 군사들을 향해 화살을 쏟아부었어요.

공격과 방어가 계속되었고 양쪽의 군사들은 점점 지쳐갔어요. 한 달이 지나고, 두 달, 석 달이 지나고 넉 달이 되도록 수나라 군사들은 요동성을 함락*시키지 못하고 있었지요.

그러던 어느 날 온달이 설쌤을 불렀어요.

"저기 멀리 수나라 군사 쪽에 누가 온 모양이에요. 저 사람은 누구예요?"

"저 사람이 바로 수나라의 황제, 양제야. 이제 싸움의 양상이 달라질 거야."

"어떻게요?"

"수의 양제는 잔뜩 화가 나 있어. 바다를 건넜던 수군도 싸움에 지고 있고, 백만 대군이 요동성 하나를 넘지 못하고 있잖아. 그래서 30만의 별동대를 꾸려서 요동성을 두고 바로 평양성으로 진격하라 명령해."

함락(陷落)　　陷 빠질 **함** 落 떨어질 **락**
적의 성이나 요새, 진지 따위를 공격하여 무너뜨린다는 뜻이에요.

설쌤이 땅바닥에 지도를 그리며 설명했어요.

"우리가 있는 곳이 여기 요동이야. 압록강을 지나기만 하면 평양성까지 쭉 내려갈 수 있어."

"그럼 어떻게 해요?"

"몸조심하며 계속 지켜보렴."

다음 날 수나라의 30만 별동대가 평양성으로 진격한다는 소식이 들려왔어요. 고구려 군사들 중 일부도 수나라군의 공격을 피해 요동성을 빠져나와 먼저 평양성으로 향했어요. 설쌤과 평강, 온달도 그 군사들에 섞여 뛰어갔지요. 고구려 군사들은 압록강을 건너 진을 쳤어요. 얼마 후, 수나라 군사들은 압록강을 바로 건너지 못하고 그곳에 진을 쳤지요. 압록강을 사이에 두고 또다시 전투가 여러 날 이어졌어요.

"어휴, 지쳐! 이제 집으로 돌아가면 안 돼요?"

어느 날 온달과 평강이 땅바닥에 털썩 주저앉아 설쌤에게 투정을 부릴 때였어요. 설쌤이 압록강을 홀로 건너는 한 장수를 주목*하며 가리켰어요.

"그럴 때가 아니야. 저기 저 장수를 봐."

"저 사람은 또 누구예요?"

"고구려의 을지문덕 장군이지. 홀로 압록강을 건너 수나라

주목(注目)   注 부을 주   目 눈 목
관심을 가지고 주의 깊게 살피는 것, 또는 그 시선을 말해요.

군사 진영으로 가고 있는 거야."

"홀로요? 너무 위험할 텐데 왜 가고 있는 거예요?"

"을지문덕은 수나라의 장수 우중문과 우문술을 만나 거짓으로 항복해. 수나라 군사가 진격하는 시간을 지연시키고, 수나라 군사들의 동태도 살피려 한 거지."

시간이 한참 흐른 후, 을지문덕 장군이 무사히 돌아왔어요. 그 후, 수나라 군사는 다시 공격을 시작했어요. 을지문덕 장군은 싸우다가 후퇴하고, 또 싸우다가 후퇴하며 물러났어요. 하루에 수차례 지고 물러나기를 반복하기도 했어요.

수나라 별동대는 지친 상태로 점점 평양성과 가까워졌고, 을지문덕 장군이 이끄는 고구려군은 평양성 안으로 들어가 버렸지요. 이에 수나라 별동대는 평양성 30리(약 12킬로미터) 앞에 진을 쳤어요.

평양성 안으로 함께 들어간 온달이 설쌤에게 물었어요.

"후유, 또 싸움이 벌어질 텐데 막아낼 수 있을까요?"

설쌤이 성곽 위에 홀로 서서 밖을 살피고 있는 을지문덕 장군을 가리켰어요.

"을지문덕은 수나라 군사의 식량이 거의 떨어졌고, 사기도 바닥에 떨어진 것을 알고 있어. 그래서 수나라의 장군에게 돌아갈 것을 권유하는 편지를 보내."

"아, 저 그거 알아요. '여수장우중문시', 수나라의 장수 우중문에게 보내는 시란 뜻 맞죠?"

평강이 아는 체를 하고는 그 시를 읊었어요.

그대의 신기한 책략은 하늘의 이치를 다했고

오묘한 계획은 땅의 이치를 다했노라

전쟁에 이겨 승리한 공 이미 높으니 만족함을 알고

이제 그만 돌아가기를 바라노라

며칠 후, 을지문덕의 시가 통했는지 정말 수나라 군사가 철수를 시작했어요. 온달이 그 소식을 듣고 박수를 쳤어요.

"야호, 드디어 전쟁이 끝났다!"

그때 을지문덕 장군이 고구려 군사들을 향해 외치는 우렁찬 목소리가 들렸어요.

"성 밖으로 나가 수나라 군사들을 쫓아라. 그들이 살수를 건널 때 그 후미를 공격하라! 수나라 군사 단 하나도 그 강을 건너지 못하게 섬멸하라!"

고구려 군사들이 함성을 지르며 성 밖으로 쏟아져 나갔어요. 설쌤이 그 모습을 보며 신비한 분필을 꺼냈어요.

"자, 이제 우리는 돌아가자꾸나. 진짜 전쟁은 지금부터 시작이야."

천하무적 고구려 군사와 장수들

💬 살수 대첩에서 고구려가 이겼나요?

고구려 때 수나라를 상대로 큰 승리를 거둔 살수 대첩, 고려 때 거란을 상대로 강감찬 장군이 승리를 이끈 귀주 대첩, 조선 임진왜란 때 이순신 장군이 일본을 크게 물리친 한산도 대첩을 흔히 3대 대첩이라고 해요. 살수 대첩에서 을지문덕은 강을 건너서 철군하는 수나라 군사의 후미를 공격했고, 별동대 30만 군사 중 겨우 2,700여 명만 살아서 돌아갈 수 있었다고 해요. 이때 수나라의 수군도 이미 전투에서 여러 번 패배를 당한 뒤여서 수나라의 양제도 어쩔 수 없이 돌아갔지요.

한 놈도 살려 두지 마라!

나 헤엄 못 쳐!

을지문덕의 꾀에 당했구나!

💬 보급을 막은 것이 승리의 원인이었다고요?

수나라의 양제가 수군을 보낸 것은 배에 군량미를 잔뜩 실으려는 목적도 있었어요. 하지만 수군이 전투에 패하고 고립되어서 군량미를 전달하기 힘들었어요.

뭣이? 수군이 고립되었다고?

고구려군은 청야 전술을 폈어요. 수나라 군사에게 식량을 빼앗기지 않기 위해 주민들을 성 안으로 들이고, 들판의 곡식을 모두 거두어들여서 식량을 구할 수 없게 했어요.

으, 먹을 게 하나도 없네.

수나라 군사들은 무거운 식량을 들고 갈 수 없어 지휘관 몰래 땅에 묻어 버리기도 했어요. 그래서 평양성에 도달했을 때 이미 지치고 굶주려 싸울 힘도 없는 상태였지요.

굶어 죽기 전에 힘들어서 죽겠어!

수공과 영류왕에 대한 오해와 진실

💬 살수 대첩은 물로 공격한 수공이었어요?

일제 강점기 때 독립운동가이자 역사학자 신채호는 <조선상고사>에서 고구려군이 강의 상류에 모래주머니로 댐을 쌓아 놓았다가 수나라 군사들이 강을 건널 때 댐을 무너뜨려 갑작기 쏟아져 내려오는 어마어마한 양의 물살에 상당한 피해를 입히게 한 것이라는 견해를 밝혔어요. 하지만 이는 사실이 아닌 것으로 보여요.

대부분의 역사학자들은 그 당시 전쟁 중에 그 정도의 댐을 만드는 것은 불가능하다고 보고 있어요. 그리고 여담으로 **살수는 지금의 청천강 지역을 일컫는 지명으로 한자도 물로 죽인다는 의미의 '殺水'가 아닌 물을 뿌리다의 의미를 지닌 '撒水'**랍니다.

▲살수에서 수나라 군대를 물리친 을지문덕

💬 영류왕이 전쟁 영웅이었다고요?

으하하! 고구려 군사들도 별것 없구나!

히히, 걸려들었군!

수나라 백만 대군이 쳐들어왔을 때 **영양왕은 을지문덕에게 수나라의 본진을 막게 하고, 동생인 고건무에게 수나라 수군을 막게 했어요.** 수나라 수군이 먼저 바다를 건너 평양성 근처 포구에 도착했고, 이때 고건무가 고구려 군사를 이끌고 막으러 나갔어요. 고건무는 일부러 싸움에 진 척하며 계속 뒤로 물러났고, 이에 수나라의 수군 지휘관 내호아는 자신감을 얻어 의심하지 않은 채 공격해 들어왔어요.

고건무는 군사들을 매복시켜 놓았다가 공격해서 수나라 수군을 크게 이겼고, 이때 수군도 전투력을 거의 상실했다고 해요. 고건무가 영양왕의 뒤를 이어 왕이 된 영류왕이지요.

1 고구려, 당과의 안시성 전투

끈질긴 항쟁으로 승리한 고구려

645년, 당의 군대가 안시성에 쳐들어왔어요. **안시성은 높은 지대에 위치해서 함락하기 쉽지 않았어요.** 당나라군은 안시성 옆에 토성을 쌓아 공격하기로 계획하고 2개월에 걸쳐 토산을 만들었어요. 하지만 고구려군에게 토산을 빼앗기고 퇴각하게 되지요.

2 고려, 1차 거란 전쟁

영토를 더 확장하게 만든 서희의 외교

993년, 소손녕이 이끄는 거란군이 고려를 침략하였어요. 그러자 고려에서는 서희를 보내 소손녕과 외교 담판을 벌이게 했어요. 서희는 소손녕과의 **협상에서 거란과 화해하고 외교 관계를 맺었지요.** 그 후 서희는 압록강 동쪽 6곳에 성을 쌓아 고려의 땅으로 만들었어요.

5 조선, 임진왜란의 행주 대첩

경기도 고양시에 있는 행주대첩비

1593년, 일본군이 권율 장군이 지키던 행주산성을 공격했어요. 일본군은 3만여 명이었고, 조선군은 3천여 명밖에 되지 않았어요. 하지만 **성안에 있던 부녀자들까지 나서서 행주치마로 돌을 나르며 도왔어요.** 그 결과 조선군은 일본군을 크게 격파할 수 있었지요.

6 조선, 임진왜란의 한산도 대첩

서울 광화문 광장에 있는 이순신 장군 동상

1592년 7월, 일본 수군이 견내량에 있다는 소식이 들렸어요. 견내량은 폭이 좁고 암초가 많은 바다예요. 이순신 장군은 일본 수군을 **한산도 앞바다로 유인한 후, '학익진법'으로 격파했지요.** 이 전투에서 일본 함선 47척을 격침하고 12척을 빼앗는 큰 성과를 냈지요.

우리 민족은 고조선 때부터 조선 시대, 일제 강점기까지 수많은 외세의 침략을 받았어요. 하지만 우리 조상들은 이에 굴하지 않고 당당히 맞서 싸웠어요. 우리가 외적과 싸워 값진 승리를 이룬 전투에는 어떤 것들이 있는지 살펴볼까요?

3 고려, 거란과의 귀주 대첩

10만 대군을 섬멸한 고려의 승리

1018년, 고려를 침략했다가 퇴각하던 거란 군은 1019년, 귀주에서 강감찬 장군이 이끄는 고려군과 전투하게 돼요. 처음엔 서로 팽팽하게 맞서다가, 바람의 방향이 바뀌며 싸움의 양상도 바뀌어요. 남쪽에 있던 고려군의 화살이 바람을 타고 거란군을 섬멸했지요.

4 조선, 임진왜란의 진주 대첩

진주 대첩을 승리로 이끈 진주 목사 김시민

진주에서 조선군과 일본군이 벌인 두 차례의 전투예요. 1952년, 일본군은 전라도를 장악하기 위해 전라도로 가는 길목에 있던 진주성을 공격했어요. 진주 목사 김시민이 이끄는 조선군은 백성들과 함께 일본군에 맞섰고, 6일간의 치열한 전투 끝에 승리했어요.

7 일제 강점기, 봉오동 전투

봉오동 전투를 승리로 이끈 홍범도 장군

1920년, 홍범도 장군의 대한 독립군을 비롯한 독립군 부대는 봉오동에서 일본군과 전투를 벌었어요. 독립신문 제88호에 의하면 이 전투로 일본군은 157명이 죽고 200여 명이 다쳤다고 해요. 나라를 빼앗긴 지 10년 만에 일본군을 상대로 거둔 첫 승리였지요.

8 일제 강점기, 김좌진의 청산리 전투

전투를 위해 청산리로 향하는 일본군

1920년 10월 21일부터 26일까지, 김좌진 장군이 이끄는 북로 군정서군과 홍범도 장군이 이끄는 대한 독립군이 주축이 되어 만주에서 일본군과 10여 차례 벌인 전투예요. 수천여 명의 독립군이 수만 명의 일본군을 상대로 대승을 거두었어요.

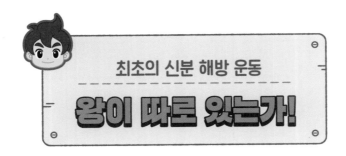

"우아, 이렇게 으리으리한 집은 처음 봐요. 여기는 누구의 집이에요?"

온달이 마당을 서성이며 설쌤에게 물었어요.

"최충헌의 집이야. 최충헌은 고려 무신 정권 때 가장 강력한 권력을 잡았던 실권자였지. 그래서 집도 아주 크고 멋진 거야."

평강이 온달에게 덧붙여 설명했어요.

"최충헌에서 최우, 최항, 최의 등 최씨 집안의 4대가 무신 정권을 이어가다가 최의에 이르러 무신들이 다시 힘을 잃게 돼."

온달이 두 손으로 귀를 막고 대신 코를 벌름거렸어요.

"어휴, 복잡하다 복잡해. 난 역사 공부보다 이 냄새가 어디서 나는지가 더 궁금해. 최충헌 집이라면 맛난 음식도 많을 테니 어서 가서 얻어먹고 와야지."

온달이 음식 냄새를 쫓아 두리번거리고 있을 때 누군가 옆구리를 찔렀어요.

"이보게들! 여기서 게으름 피우다간 혼쭐이 나. 어서 마당이나 쓸어."

그 사람은 싸리비를 세 사람에게 던졌어요. 온달이 그 사람에게 무어라고 말하려 하자, 설쌤이 온달의 입을 막고 귓속말을 했어요.

"쉿! 우리를 노비로 알고 있어. 정체를 들키지 않으려면 잠자코 시키는 대로 해."

온달과 평강이 싸리비를 들고 마당을 쓸었어요.

"왜 고려 시대까지 와서 노비 신세로 지내야 하는 거야?"

"설쌤이 최충헌에 대해 가르쳐 주시려고 최충헌의 곁에서 지켜볼 수 있는 노비로 위장시켰나 봐."

둘은 설쌤과 함께 집 안의 여기저기를 다니며 집 구경을 했어요.

최충헌의 집 안에는 많은 사람이 오갔어요. 창과 칼을 든 병사들이 집 밖을 지키고 있었고, 높은 관직을 지닌 사람으로 보이는 이들이 오갈 때면 노비들은 옆으로 물러나 고개를 숙였어요. 그러다가 한 늙은 노비가 눈치 없이 그 사람 앞을 막고 말앉어요. 높은 관직을 지닌 사람으로 보이는 이가 벌컥 화를 내며 늙은 노비를 걷어찼어요.

"이놈! 어디서 잘못 배워서 냄새나는 몸으로 내 앞을 막느냐!"

"어이쿠! 쇤네가 잘못했습니다."

늙은 노비가 무릎을 꿇고 싹싹 빌었지만 발길질은 쉽사리 멈추질 않았어요. 온달이 말리려고 달려가려 할 때 설쌤이 온달을 막았어요.

"안 돼. 우린 역사에 개입*하면 안 돼."

소동이 멈춘 후, 다른 노비들이 늙은 노비를 일으켜 세웠어요. 그때 노비 중에 몸집이 크고 눈이 총명한 한 노비가 다른 노비들에게 말했어요.

"땔감으로 쓸 나무가 부족하다고 하네. 모두 저기 북산으로 가서 나무를 좀 해와야겠어."

그 노비의 말에 다른 노비들도 최충헌의 집을 나와서 북산으로 향했어요. 설쌤과 온달, 평강도 노비들과 함께 북산으로 올라갔지요. 북산에 오르자 고려의 수도 개경이 한눈에 보였어요. 북산에는 최충헌 집안의 노비 외에 또 다른 노비들도 와 있었어요. 노비들이 땀을 뚝뚝 흘리며 나무한 것을 모으고 있을

개입(介入)　介 낄 개 　目 들 입
자신과 직접적인 관계가 없는 일에 끼어든단 뜻이에요.

때 몸집이 크고 눈이 총명한 그 노비가 앞으로 나서더니 목소
리를 높였어요.

"모두 내 말 좀 들어보게!"

노비들이 하던 일을 멈추고 그 노비를 쳐다보았어요.

"나는 최충헌의 노비인 만적이라네."

만적의 표정은 범상치 않아 보였어요. 노비들을 휘둘러본 만
적은 주먹을 불끈 쥐고 말을 이어갔어요.

"최충헌 이전에 권력을 쥐었던 이의민을 아는가? 이의민은
소금 장수인 아버지와 노비인 어머니를 둔 천한 신분으로 상장
군 자리에 올랐다네. 그 이래로 천한 노비였던 이들이 높은 관
직을 차지하는 것을 다들 똑똑히 보지 않았는가."

노비들이 만적의 말에 동조
하듯 대답했어요.

"그렇지. 이의민뿐이던가."

"맞아. 나도 그렇게 되고 싶
다네."

만적이 잠시 말을 끊었다가
다시 입을 열었어요.

"왕후장상의 씨가 따로 있

는가? 태어나면서 왕이 되고, 태어나면서 장군과 재상이 될 자가 따로 있지 않을 것이네. 태어나면서 노비가 될 자도 따로 있지 않을 것이야. 우리라고 평생 뼈 빠지게 일하고, 채찍으로 맞으며 고통을 당하고 살아야 하겠는가? 때가 되면 누구나 왕이 되고, 재상이 될 수 있을 것이야."

노비들이 다시 웅성거렸어요.

"만적의 말이 맞아. 사람이라면 다 같은 사람이지. 누군 노비이고, 누군 재상인 것을 도대체 누가 정한 거야?"

"옳지, 옳아! 만적, 이 사람아! 그래서 어떻게 하자는 거야?"

만적이 큰 소리로 외쳤어요.

"이제 때가 되었어! 우리가 이 세상의 모든 노비들을 해방해 줄 때가 되었단 말일세!"

만적이 누런 종이 수천 장을 잘라서 종이에 '고무래 정(丁)' 자를 썼어요. 북산에는 어느새 모여든 노비의 숫자가 엄청나게 많았어요. 만적은 그 종이들을 나누어 주었어요.

"이 종이를 모두 잘 간직하고 있게. 이건 우리를 다른 적들과 구분해 주는 표식이 될걸세."

만적은 모여든 노비들에게 상세한 계획을 설명했어요. 약속한 날, 손에 무기가 될 만한 농기구나 창을 들고 개경의 흥국사에 집결하도록 했어요. 그곳에서 북을 울리고 고함을 치면 가까이 있는 궁궐의 환관들이 호응할 것이고, 관노들이 궁궐 안에서 나쁜 벼슬아치들을 죽일 것이라고 했어요. 그러면 도읍 안의 모든 노비들이 벌떼처럼 일어나게 되고, 가장 먼저 최충헌을 죽인 뒤 각자 자신의 주인들을 죽이고 노비 문서를 불태우자고 했어요.

"이 나라에 천민은 모두 사라지고, 우리가 저들이 차지한 좋은 자리를 얻어야 하지 않겠는가!"

"난 만적의 말을 따르겠네."

"나도! 나도!"

"만적 만세! 드디어 지긋지긋한 노비 신세를 면하게 됐어."

설쌤과 온달, 평강도 '정' 자를 쓴 노란 종이를 하나씩 품에 넣고 노비들을 따라 북산을 내려왔어요.

평강이 설쌤을 바라보며 걱정스런 말투로 말했어요.

"만적의 계획이 성공할 수 있을까요?"

설쌤이 고개를 가로저었어요.

"한번 지켜보렴."

약속한 날, 드디어 만적이 최충헌의 집을 나섰어요. 설쌤과 온달, 평강도 몰래 집을 빠져나와 만적의 뒤를 따랐지요. 다른 노비들도 여기저기에서 나와 약속한 장소로 향하는 것이 보였어요.

그런데 약속한 장소에는 수백 명 정도밖에 모여 있지 않았어요. 만적은 실망한 낯빛이 역력했어요.

"다음에 보제사에서 다시 모이세. 비밀이 새어 나가면 안 되니 절대 누설*하지 말게."

노비들이 흩어지고 있었어요. 설쌤이 온달과 평강의 옆에서 신비한 분필을 꺼냈어요. 온달이 당황하며 물었어요.

"아직 만적이 성공했는지 실패했는지 못 봤잖아요. 왜 벌써 다른 곳으로 가려 해요?"

| 누설(漏泄) | 漏 샐 **루** 泄 샐 **설** |
| | 비밀이 새어 나감 또는 그렇게 한다는 말이에요. |

"노비 차림으로 여기 있다간 우리도 위험해. 순정이란 노비가 이 사실을 자신의 주인인 한충유에게 고자질하고, 한충유가 다시 최충헌에게 말한단다. 화가 난 최충헌이 노비들을 잡아들이라고 하지."

"그래서 어떻게 돼요?"

"끔찍한 일을 당하게 돼. 그건 너무 끔찍해서 알려 주지 않을 거야."

평강과 온달은 총명하게 빛나던 만적의 눈을 떠올렸어요.

"아, 불쌍한 만적! 성공했으면 좋았을 텐데."

설쌤은 고려의 무신 정권 시기가 혼란한 때였다고 했어요. 만적이 난을 일으킨 1198년은 무신의 난이 일어난 1170년에서 30년이 채 안 되었을 때인데 관리들의 부패가 심하고 하층민에 대한 착취까지 심해져서 나라가 흉흉했었지요.

"만적이 일으킨 난은 실패하고 말아. 하지만 케케묵은 질서를 파괴하고 새로운 사회를 세워 보려 한 정신은 높이 사야 하지 않을까?"

신분 사회와 노비 제도

노비라고 다 같은 노비였어요?

삼국 시대부터 고려, 조선 시대는 크게 지배층과 피지배층으로 계급이 나뉘는 신분 사회였어요. 피지배층 중에는 천민에 해당하는 노비들이 있었고, 이들은 무척 고단한 삶을 살아야 했어요. 그런데 노비들이라고 다 같은 처지는 또 아니었어요. 노비는 크게 관청 등에 속하는 공노비(관노비)와 개인의 노비로 속하는 사노비로 나뉘었고, 사노비는 다시 주인을 모시며 살아야 하는 솔거 노비와 주인집이 아닌 다른 곳에서 거주할 수 있는 외거 노비로 나눌 수 있어요. 만적은 최충헌의 집에 사는 솔거 노비였고, 이 솔거 노비가 가장 열악한 생활을 했답니다.

접, 외거 노비로 태어났으면 좋았을걸.

만적은 어떻게 되었나요?

최충헌은 노비들이 난을 일으키려 한 것을 알자마자 병사들을 시켜 노비들을 잡아들이라고 했어요.

노비들을 몽땅 잡아들여라!

예!

만적을 포함한 백여 명의 주동자들이 병사들에게 붙잡혀 최충헌 앞으로 끌려가지요.

우리도 똑같은 사람입니다!

이놈이 끝까지!

최충헌은 이들을 강물에 빠뜨려 죽여요. 너무 하찮은 신분이라서 물고기 밥으로 쓸 정도밖에 안 된다고 했지요.

끝내 내 뜻을 이루지 못하는구나….

무지 뚱뚱한 물고기네.

노비에 대한 오해와 진실

💬 노비로 유명한 역사 인물이 있어요?

조선 세종 대왕이 아꼈다고 알려진 인물인 장영실도 노비 출신이었어요. **장영실은 뛰어난 재주를 지닌 것이 조정에 알려져 태종이 발탁**했다고 해요. 세종 즉위 후에 명나라에 유학을 가서 천문 관측 시설 등에 관한 자료를 수집해 왔고, 이를 바탕으로 여러 학자들과 함께 자동으로 시간을 알려 주는 물시계인 자격루를 우리나라 최초로 만들기도 했어요.

▲장영실이 만든 해시계인 앙부일구

장영실의 아버지는 중국에서 귀화한 귀화인이었고, 어머니는 부산 동래현의 관노비여서 장영실도 관노의 신분으로 태어난 거예요.

💬 어떤 사람이 노비가 돼요?

신분 사회에서는 부모가 노비이면 그 자식도 노비가 돼요. 역사를 거슬러 가면 고조선 시대부터 노비가 있었어요. **고조선의 법인 '팔조금법(8조법)'에서는 '남의 물건을 훔치면 노비로 삼는다'란 부분이 있어요.** 삼국 시대에는 전쟁 포로를 노비로 삼거나 돈을 빌리고 못 갚은 이를 노비로 삼거나 소와 말을 죽인 자도 노비로 삼았어요.

삼국이 통일된 이후에는 전쟁으로 인해 새롭게 생기는 노비의 숫자가 적어졌어요. 고려와 조선 시대에는 세습 노비 외에 나라에 반역을 한 이와 그들의 친족을 노비 신분으로 만들어 버렸어요. 단종 복위 운동을 한 성삼문의 친족들 중 살아남은 이들은 대부분 노비가 되었답니다.

나라를 뒤흔들었던 민란들!

1 통일 신라 889년, 원종과 애노의 난!

> 흑, 당장 먹을 쌀도 없는데….
>
> 자, 얼른 세금을 내!

신라 멸망의 원인으로 평가받는 진성여왕

신라 하대 진성여왕 때는 아주 혼란한 시기였어요. **귀족들은 권력 다툼에 빠져 있었고, 호화로운 행사를 자주 벌이는 등 사치가 심해** 나라의 재정이 부족했어요. 이를 메우기 위해 백성들에게 과한 세금을 요구했어요. 이에 반발해 일어난 농민의 난이랍니다.

2 고려 1174년, 조위총의 난!

조위총 난의 근거지였던 서경(평양)성의 칠성문

문신 조위총이 무신 정권에 대항하여 반란을 일으켰어요. **나라에 불만이 많았던 농민들도 조위총을 비롯한 저항 세력에 가세했고, 이들**은 개경 근처까지 위협할 정도로 거세게 저항했어요. 1176년 무신 정권이 조위총을 제거함으로써 3년에 걸친 난은 실패로 끝났어요.

5 고려 1193년, 김사미와 효심의 난!

무신 정권 시기 일어난 주요 민란들

무신 정권 시기엔 전국 각지에서 크고 작은 민란이 일어났어요. **김사미는 운문(청도)을 근거지로 하여 농민들을 모아 반란군을 조직하**였어요. 그 뒤 초전(울산)에서 반란을 일으킨 효심과 연합하여 그 세력을 경상도까지 확대하였지만 1194년 관군에게 진압되고 말아요.

6 조선 1811년, 홍경래의 난!

홍경래의 난을 묘사한 <신미 정주성 공위도>

조선 후기에는 외척 세력에 의한 폐해가 심했고, 과도한 세금 징수로 백성들이 고통받았어요. 특히 **평안도 사람들은 남부 지방에 해당하는 하삼도 사람들에 비해 많은 차별**을 받았어요. 평안도의 몰락한 양반 출신이었던 홍경래는 이에 불만을 품고 농민 반란을 일으켰어요.

민란이란 포악한 정치에 반대하고 반항하는 의미로 백성들이 벌이는 민중 운동을 말해요. 우리나라에서는 신라 말, 고려 말, 조선 말과 같이 주로 한 왕조의 말기에 대규모로 일어나는 특징을 보이는데 이는 정치·사회적으로 혼란스러운 상황에서 백성들이 받아야 했던 핍박과 고통이 많았기 때문으로 짐작할 수 있어요.

3 고려 1176년, 망이·망소이의 난!

대전 남선공원에 있는 민중 봉기 기념탑

'소(所)'는 나라에 바칠 종이나 광물을 만드는 고려 시대의 특수 행정 구역이었어요. **소에 사는 사람들은 양인이었지만 일반 군현민에 비해 세금을 많이 내는 등의 차별**을 받았어요. 이에 불만을 품은 공주 명학소의 망이·망소이가 난을 일으켰으나 실패로 끝나고 말아요.

4 고려 1190년, 동경 봉기!

신라 부흥 운동의 성격을 띤 민란

1190년부터 약 15년 동안 동경(지금의 경상북도 경주)을 중심으로 일어난 민란이에요. 무신 집권 세력의 부패와 지방관의 수탈에 시달리던 하층민이 일으킨 민란은 전국적으로 일어났어요. 이 가운데 **동경 봉기는 '신라 부흥 운동'**의 성격을 지닌 점에서 색달랐지요.

7 조선 1862년, 임술 농민 봉기!

지방 관리를 감찰한 암행어사의 신분증, 마패

경상도·전라도·충청도 지역을 중심으로 일어난 대규모 민란이에요. 조선 시대에는 **전정·군정·환곡을 포함하는 '삼정'이라는 조세 제도**가 있었어요. 삼정이 지방 관아의 수탈 도구로 전락하며 농민들의 삶이 피폐해진 것이 임술 농민 봉기의 주요 원인이었지요.

8 조선 1894년, 동학 농민 운동!

체포되어 한성부로 압송되는 전봉준의 모습

전라북도 고부군의 군수 조병갑은 과중한 세금을 부과해 농민들을 괴롭혔어요. 이에 **전봉준을 중심으로 동학교도들과 농민들이 함께 봉기**했어요. 조선 정부는 난을 수습하기 위해 안핵사로 이용태를 파견했고, 이용태가 농민을 탄압하자 동학 농민 운동이 시작되었지요.

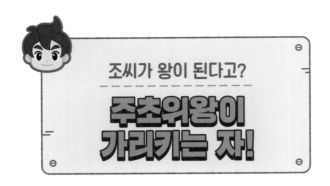

조씨가 왕이 된다고?
주초위왕이 가리키는 자!

"만적은 세상을 바꾸려 했지만 뜻을 이루지 못했네요. 그런 사람이 또 있어요?"

궁녀 차림을 한 평강이 두루마기를 걸치고 앞서가는 설쌤에게 물었어요. 온달은 내시 차림으로 위장해 설쌤 옆을 종종걸음으로 따랐어요.

"그 사람을 만나러 지금 조선 11대 왕인 중종이 사는 궁궐 안으로 온 거야. 곧 누군지 알 수 있을 거야."

온달이 신나서 떠들었어요.

"야호, 신난다! 그럼 임금님이 드신다는 수라상을 맛볼 수 있는 거예요?"

"한가한 소리 하지 말고 잘 따라오렴. 궁궐 안이어서 까딱 잘못하다가 신분을 들키면 위험해질 수 있어."

설쌤은 평강과 온달을 데리고 궁궐 안의 나무들이 울창한 곳으로 걸어갔어요. 환한 달빛이 돌담을 넘어 궁궐 안으로 비치고 있었어요. 설쌤은 나무 뒤에 앉아서 몸을 숨기고 있게 했어요. 밤이 깊어가자 온달은 잠이 쏟아져서 꾸벅꾸벅 졸기 시작했지요. 얼마 지나지 않아 평강이 온달을 깨웠어요.

"저기 봐! 저기 수상한 사람이 나타났어."

평강이 가리킨 곳은 뽕나무 아래였어요. 그 아래에서 한 궁녀가 웅크리고 앉아 무언가를 하고 있었어요. 자세히 보니 한 손에 뽕나무 잎을 들고, 다른 손으로 무언가를 바르는 것 같았어요. 궁녀는 나뭇잎을 다시 땅바닥에 놓고는 일어서서 두리번두리번 주위를 살폈어요. 그러고는 살금살금 걸어서 어디론가 사라졌지요. 긴박*한 움직임이었어요.

온달이 달려가서 나뭇잎을 들려고 했어요. 설쌤이 따라가서 황급히 말렸어요.

"건드리면 안 돼. 그럼 우리가 역사를 바꾸게 되는 거라고!"

"네? 이깟 나뭇잎이 뭔데 그래요?"

"두고 보면 알게 돼."

며칠 후 커다란 소동이 벌어졌어요. 누군가 중종에게 신비한 나뭇잎을 갖다주었기 때문이에요.

긴박(緊迫)   緊 팽팽할 긴 迫 닥칠 박
매우 다급하고 절박한 걸 말해요.

"전하! 글자가 새겨진 나뭇잎이 발견되었습니다! 길조인지 흉조인지 모르겠습니다!"

"그래? 무슨 글자가 쓰였는지 이리 줘 보아라!"

중종이 신비한 나뭇잎을 건네받아 자세히 들여다보았어요.

"주초위왕(走肖爲王)? 이게 무슨 뜻일까?"

중종은 나뭇잎을 들고 근정전으로 들어갔어요. 얼마 후, 신하인 남곤, 심정, 홍경주가 중종을 찾아왔어요. 중종이 그들에게 나뭇잎을 내밀었어요.

"나뭇잎에 글자가 새겨지다니 참 희귀한 일이지 않소? 이 글자가 뜻하는 바가 무엇 같소이까?"

세 신하가 이때다 싶었는지 앞다투어 말했어요.

"주(走) 자와 초(肖) 자를 합하면 조(趙)가 됩니다. 그 말은 조씨가 임금이 된다는 뜻이옵니다."

"조? 조씨라면 누구를 말하는가? 설마……?"

"맞습니다. 조광조를 일컫는 것입니다."

중종이 깜짝 놀란 얼굴로 되물었어요.

"조광조가 역모를 꿈꾼다고? 내가 그렇게 아끼던 신하이거늘 그럴 리가 없다."

신하들이 중종 앞에 고개를 조아리며 목소리를 높였어요.

"전하, 지금 백성들은 조광조가 나타나면 마치 임금께 조아리듯 고개를 숙인다고 합니다."

"전하, 백성들이 조광조를 임금이라 부른다고도 합니다. 이런 자를 그냥 두어서는 안 됩니다."

중종이 온몸을 부들부들 떨다가 외쳤어요.

"어서 조광조를 잡아들여라!"

몰래 숨어서 그 모습을 보던 설쌤이 평강과 온달을 데리고 궁전 뜰로 나왔어요. 온달이 설쌤에게 물었어요.

"조광조가 어떤 사람이길래 저렇게 못 잡아먹어서 안달이에요? 만적 같은 도적인가요?"

"아니. 조광조는 벼슬길에 오른 뒤 아주 빠르게 높은 자리에 오른 인물이야. 중종이 가장 아끼는 신하란다."

"그런 신하를 하루아침에 잡아들여요?"

"아주 복잡한 사정이 있지. 저건 조광조를 없애려고 반대쪽 세력이 나뭇잎에 글자 모양으로 꿀을 발라 벌레들이 파먹게 한 것이라고 해."

설쌤이 조광조에 대해 긴 설명을 시작했어요.

"중종은 열아홉 살에 왕이 되었어. 연산군이 폭정을 하다가 성희안과 박원종 등이 일으킨 반정에 의해 쫓겨난 다음 왕에 추대되었던 거야. 그러니 박원종 등 공신 세력들의 눈치를 봐야 했어. 중종의 아내 신 씨는 연산군 밑에서 우의정을 지낸 신수근의 딸이었는데 이 공신 세력들은 신 씨를 궁궐에서 쫓아내게 만들기도 했지."

평강이 두 손을 꼭 모으며 말했어요.

"사랑하는 아내와 헤어져야 했다니 중종이 불쌍해요."

"맞아. 중종은 이런 공신 세력에 늘 휘둘려야 했어. 그러다가 사림을 등용하여 공신 세력을 누를 생각을 했어. 그래서 찾은 이가 바로 조광조였지."

온달이 고개를 끄덕였어요.

"아, 그럼 중종의 뜻대로 되었어요?"

"조광조는 아주 개혁적인 정책을 펼쳤어. 조광조를 비롯한 새로운 사림 세력들은 조선을 성리학에 기초한 이상적인 사회로 만들고 싶어 했어. 그러다 보니 가진 것이 많은 공신 세력이 싫어할 만한 정책들을 계속 펼쳤고, 사사건건 공신 세력과 대립했어. 그러니 얼마나 미움을 많이 샀겠어. 조광조는 성품이 바르고 아주 꼿꼿해서 물러설 줄도 몰랐지. 키가 작은 편이었는데 부패한 대신들이 자신을 굽어보는 것이 싫어서 늘 고개를 쳐들고 다녔다고 해. 그래서 '조광조가 오면 멀리서도 콧구멍이 보인다.'는 우스갯소리가 있었다고 해."

설쌤과 평강, 온달은 궁궐을 빠져나와 한양 도성 안을 걸었어요. 얼마 후, 군사들이 무리 지어 어디론가 달려가는 것이 보였어요. 한 무리는 남쪽을 향해 달려갔고, 또 다른 무리는 북쪽을 향해 뛰어갔어요.

온달이 바짝 긴장해서 물었어요.

"무슨 일이 일어난 거예요?"

"조광조를 비롯해서 김식, 김정 등 사림* 세력을 붙잡으려고 가는 거야."

말을 마치자마자 설쌤이 갑자기 어떤 생각이 떠올랐는지 평강과 온달의 손을 잡고 달리기 시작했어요.

"어서 가 보자. 저 군사들이 조광조를 잡기 전에 우리가 먼저 만나러 가야 돼."

평강이 달리기가 싫었는지 천천히 뛰었어요.

"역사에 끼어들면 안 된다면서요? 우리가 조광조를 피신시키거나 하면 안 되죠."

설쌤이 더 속도를 내어 달렸어요.

"그럴 생각은 없어. 조광조가 붙잡혀 가서 죽기 전에 얼굴이라도 한번 보고 싶은 거야."

설쌤은 조광조가 사는 곳까지 알고 있었어요. 세 사람은 집 안으로 들어가지 못하고 끙끙대고 발돋움해 담에 매달려 안을 들여다보았어요.

조광조가 의복을 단정하게 입고 툇마루에 꼿꼿하게 앉아 있었어요. 그 앞에 누군지는 알 수 없는 한 선비가 조광조와 이야기를 나누고 있었어요. 선비가 조광조를 채근했어요.

"이보게. 곧 군사들이 들이닥칠 것이네. 어서 몸을 피하게."

사림(士林)   士 선비 **사**   林 수풀 **림**
조선 중기 사회와 정치를 주도한 세력으로 유교적 지식을 갖춘 지배층을 가리키는 말이에요.

조광조가 눈을 지그시 감고 고개를 흔들었어요.

"내가 어릴 적부터 독서를 게을리하지 않고, 과거를 통해 벼슬길에 오른 것은 이 나라를 이상적인 국가로 만들기 위함이었다네. 중종께서 내가 역모를 도모하지 않았다고 믿어 주실 것이야."

마주 앉은 선비가 눈물을 뚝뚝 흘리며 하늘을 바라보았어요.

"자네의 뜻을 누가 모르겠는가? 다만 사람의 일이란 뜻대로 돌아가지 않구려. 자네의 큰 뜻을 헤아려 주지 않으니 하늘도 무심하지."

조광조는 그저 하늘을 한 번 올려다보며 헛웃음을 지었어요.

"허허, 너무 괘념치 말게."

곧 군사들이 들이닥쳤어요. 군사들은 조광조의 몸을 꽁꽁 묶어 끌고 갔지요. 설쌤이 흙먼지를 날리며 멀어져 가는 군사들을 보며 혼잣말을 했어요.

"조선의 큰 별이 곧 지겠구나."

조선 시대의 권력 다툼

훈구파와 사림파가 뭐예요?

조선 초기 세조 때 이후 세조가 왕위를 차지하는 데 도운 공신 세력을 훈구파라고 해요. 한명회, 신숙주 등을 따른 훈구파는 관료 집단이 되어 나랏일을 도맡아 했어요. 중종 때까지도 이 훈구파의 힘은 막강했는데 중종이 이를 견제하기 위해 조광조 등 사림파를 중용했어요. 사림파는 대개 조선의 건국 과정에 참여하지 않고, 지방에 묻혀 학문을 열심히 닦던 이들을 말해요. 사림파는 훈구파를 부패한 관리로 여겨 늘 비판했었고, 이에 훈구파도 자신들의 권력을 빼앗기지 않기 위해 사림파와 대립했어요.

조광조는 어떤 일을 했어요?

기존 과거 제도의 문제점을 고치기 위해 추천한 인재들을 모아 시험을 치르는 '현량과'를 실시했어요. 사림파 위주로 인재가 추천된다는 이유로 훈구파의 거센 반발을 불러일으켰어요.

공을 세우지 않거나 공을 세운 것에 비해 큰 혜택을 받는 공훈 세력이 많다고, 76명의 공신의 공적을 취소해 버렸어요.

나라에 안 좋은 일이 있을 때 제사를 지내던 관청인 소격서를 무속 신앙이라고 비판하며 없애고, 성리학의 생활 규범을 적은 소학과 향약을 널리 보급했어요.

💬 중종은 조광조를 왜 죽게 했어요?

중종이 훈구파를 견제하기 위해 조광조를 발탁했고, 처음에는 그의 의견을 많이 따라 주었어요. 하지만 조광조가 실현하려 한 정책들은 중종이 받아들이기에도 부담되는 너무 급진적인 것들이었어요. 조광조가 소격서를 폐지해야 한다고 주장했을 때 중종은 오래도록 이어져 온 것을 쉽게 폐지할 수 없다고 반대했어요.

다른 정책들도 반대했지만, 조광조의 의지는 꺾이지 않았어요. 이 때문에 **중종은 너무나 강직한 조광조가 부담스러웠고, 시간이 지날수록 세력이 커지는 사림파를 우려**하게 되었죠. 그리하여 결국 중종이 조광조를 비롯한 사림파를 죽이거나 유배 보낸 것을 기묘사화라고 해요.

▲급진적인 개혁을 추진했던 조광조의 묘

💬 사화가 뭐예요?

사화는 한자로 '선비 사(士)'와 '재앙 화(禍)' 자가 합쳐진 말이에요. **조선 시대 문인과 선비들이 정치적으로 반대되는 세력에 몰려 화를 입은 사건**을 말해요. 흔히 연산군 때 일어난 무오사화와 갑자사화, 중종 때 일어난 기묘사화, 명종 때 일어난 을사사화를 4대 사화라고 해요.

각각의 사화가 일어나게 된 배경이나 이유는 다르지만, 연산군이 어머니 폐비 윤 씨의 원한을 갚기 위해 저지른 갑자사화를 제외하고는 훈구파와 사림파의 대립 과정에서 일어났고, 이로 인해 사림파에 속하는 많은 선비들이 죽임을 당하게 된 비극적인 역사랍니다.

조선의 신하들은 조광조처럼 늘 학문을 연구하고 나랏일을 열심히 하느라 무척 바쁘게 하루를 보냈어요. 그렇다면 조선의 왕들은 어땠을까요? 왕이 처리해야 하는 업무가 만 가지나 된다고 하여 '만기(萬機)'라 불릴 만큼 조선의 왕들 역시 고된 업무에 시달려야 했어요. 조선의 왕들이 어떻게 하루를 보냈는지 살펴볼까요?

문안 인사를 드리다!

조선 시대 왕들은 왕실 어른들께 문안 인사를 드리는 게 중요한 하루 일과였어요. 새벽 5시에 기상하여 옷을 갖춰 입은 뒤 **대비와 왕대비 등 웃어른들께 아침 문안 인사를 드렸어요.** 또 저녁 식사를 마친 뒤 저녁 문안 인사까지 하루에 두 번 문안 인사를 드렸지요.

왕들의 식사 시간

궁중에서 왕에게 올리는 밥상을 가리켜 '수라상'이라고 했어요. 왕들은 아침 식사(조수라), 점심 식사(낮것상), 저녁 식사(석수라)로 세 끼를 먹었어요. 이 외에도 이른 아침 죽이나 미음 같은 음식으로 차린 '초조반'이나 면이나 약식, 식혜류 등으로 차린 '야참'도 먹었어요.

하루 세 번 왕의 공부 시간, 경연

'경연'은 왕이 신하들과 학문을 토론하고, 국정을 논의하던 것으로 쉽게 말해 왕의 공부 시간이었어요. 조선의 왕들은 아침에 하는 경연인 '조강', 점심에 하는 경연인 '주강', 저녁에 하는 경연인 '석강', 이렇게 하루에 총 세 번의 경연에 참석해야 했어요.

24시간이 부족한 왕의 업무 시간

조선 시대 왕은 국가를 이끌어가는 절대 권력자로서 국정 전반을 총괄했기 때문에 처리해야 하는 업무가 무척 많았어요. 공식 행사나 국가 제례에 참석하는 일, 국정을 검토하고 여러 가지 상소문에 답하는 일, 관료들과 국정을 협의하는 일 등이 모두 왕의 업무였지요.

고종 황제를 퇴위시킨 헤이그 특사

을사늑약은 무효다!

덜컹덜컹!

낡은 기차가 선로를 달리고 있었어요. 차창 밖으로는 넓은 평원이 펼쳐져 있었고, 간혹 양떼가 풀을 뜯는 모습이 보였어요. 평강과 온달이 잠에서 깨어나자 설쌤이 앞쪽에 앉아 있는 두 남자를 가리켰어요.

"우리는 지금 시베리아 횡단 열차를 타고 가고 있어. 이번 여행에선 저분들을 따라갈 거야. 우리 민족을 탄압한 일제에 도전하고 저항하신 분들이지."

"어떤 사람들이지?"

온달이 궁금함을 못 참겠는지 의자에서 일어나 몰래 두 사람을 보고 왔어요.

"평범한 아저씨들처럼 생겼는데요. 낡은 양복을 입고 있고,

두 사람 다 콧수염을 길렀어요."

"고종이 네덜란드 헤이그로 보낸 밀사들이야. 이준과 이상설! 두 사람은 곧 상트페테르부르크에 내려서 다른 사람을 또 만날 거야."

평강이 불쑥 끼어들었어요.

"고종? 그러면 대한 제국 말기로 온 거예요?"

"맞아. 1905년에 일제는 군대를 동원해 강제로 을사늑약을 체결했어. 고종 황제가 대한 제국의 황제였고, 고종 황제는 절대 받아들일 수 없다고 버텼지만, 외부대신이었던 박제순이 조약에 서명해 버렸어. 그로 인해 대한 제국은 외교권이 박탈당해 이름뿐인 국가 신세로 전락했지."

"아, 분통해. 그래서요?"

"고종 황제는 그 후, 을사늑약을 무효로 만들기 위한 방법을 고심했어. 그러다가 1907년 6월 15일부터 네덜란드 헤이그에서 2차 만국 평화 회의가 열리는 것을 알게 되었어. 세계에 을사늑약의 부당함을 알리고, 무효로 만들 수 있는 기회라고 여겨서 일제 몰래

무슨 수를 써서라도 을사늑약의 부당함을 알려야 한다!

밀사를 파견한 거지."

그때 기차가 상트페테르부르크역에 도착했어요. 승객들이 짐을 챙겨서 내렸고, 두 남자도 커다란 가방을 들고 내리는 것이 보였어요. 설쌤과 평강, 온달도 뒤따라 내렸지요.

"저기 덩치가 큰 사람은 이준이야. 법관으로 검사를 지냈는데 을사늑약에 동조한 을사오적을 처단하려다가 붙잡힌 사람들을 석방해 주려다가 태형 70대를 맞고 검사직을 놓게 되었지. 부산에서 배를 타고 러시아의 블라디보스토크로 갔다가 거기서 저 옆에 있는 사람을 만나서 함께 시베리아 횡단 열차를 타고 이곳까지 온 거야."

평강이 옆 사람을 가리켰어요.

"저 사람은 누구예요?"

"북간도에서 교육 기관인 서전서숙을 설립해 운영한 이상설이야. 을사늑약이 체결되는 전 과정을 잘 알아서 이준과 합류하게 된 거지."

두 사람은 어디론가 바쁘게 걸어갔어요. 설쌤이 평강과 온달을 다른 곳으로 이끌었어요.

"아직 갈 길이 멀어. 우리도 여기서 잠시 쉬었다가 다시 따라가자꾸나."

며칠 후, 다시 길거리에 나타난 두 사람을 따라갔어요. 두 사람 옆에는 새로운 사람이 한 명 더 보였어요. 설쌤이 새로운 사람에 대해 말해 주었어요.

"러시아 주재 대한 제국 공사 이범진의 아들 이위종이야. 당시 주러공사관 참서관이었던 이위종은 영어, 불어, 러시아어 등 외국어에 능통해서 꼭 필요한 인물이었지."

세 사람은 거리를 걷다가 우뚝 멈추어 서서 심각하게 이야기를 나누곤 했어요. 언뜻언뜻 말소리가 들렸어요.

"을사늑약*을 꼭 무효로 돌려야 하오."

"우리 세 사람 이준, 이상설, 이위종은 대한 제국의 특사 자격으로 만국 평화 회의장에서 연설을 합시다."

"영국, 프랑스, 독일, 미국, 러시아 같은 열강들을 반드시 설득해야 하오."

세 사람은 얼마 후 상트페테르부르크를 떠나 베를린으로 갔어요. 그곳에서 탄원서를 인쇄한 다음 다시 네덜란드의 헤이그로 향했지요. 그리고 1907년 6월 25일 헤이그에 도착했어요.

세 사람은 헤이그의 낡은 호텔에 짐을 부리고 객실의 창밖에 태극기를 게양했어요. 거리에서 보면 태극기가 바람에 펄럭거렸지요. 설쌤이 태극기를 가리키며 말했어요.

늑약(勒約) 勒 굴레 **늑** 約 맺을 **약**
억지로 맺은 조약을 말해요.

"저 태극기 좀 보렴. 가슴이 웅장해지는구나. 세 분이 우리나라를 대표하는 특사로서 반드시 이번 일을 성공시켜야겠다는 의지를 보여 주는 것 아닐까?"

다음 날부터 세 사람은 특사로서 일하기 시작했어요. 이들을 도와주기 위해 헤이그로 온 미국인 선교사 호머 헐버트도 각국 대표들을 만나 회의에 참석시켜 달라고 말했어요. 하지만 돌아오는 대답은 절망적이었어요. 영국 대표나 프랑스 대표 모두 이들을 인정하지 않았어요.

"대한 제국은 외교권이 없지 않나요? 그러면 만국 평화 회의에 참석할 수 없어요."

"대한 제국의 외교권은 일본에게 있지 않나요? 일본에게 허락을 먼저 받고 와야 할 것 같아요."

그들은 일제에게 몰래 고종 황제가 헤이그 특사를 보낸 사실도 알려 주었어요. 세 사람은 회의에 참석하려고 더 많은 사람을 만났어요. 하지만 시간만 흐를 뿐이었어요.

6월 30일 아침, 설쌤이 평강과 온달을 일찍부터 깨웠어요.

"어서 일어나. 오늘은 회의장 앞으로 가 보자."

설쌤과 평강, 온달이 회의장 가까이 갔을 때 헤이그 특사들이 보였어요. 그들은 소리를 낮춰 이야기를 하고 있었어요. 이상설이 콧수염을 매만지며 한숨을 쉬었어요.

"저 회의장 안으로 들어가야 을사늑약의 부당함을 말할 건데 들어가지도 못하고 있으니 어쩌면 좋겠소?"

이준이 분을 참지 못해서 화를 냈어요.

"문을 부수고라도 안으로 들어갑시다. 우리는 대한 제국의 특사가 아니오."

이위종은 두 사람을 달래었어요.

"회의장 앞으로 가 보죠. 제가 회의장 앞에서 우리의 주장을 설파*하겠습니다."

세 사람은 다 같이 고개를 끄덕이고 회의장 쪽으로 걸어갔어요. 회의장으로 들어가는 길거리에는 수많은 사람이 오가고 있었어요. 만국 평화 회의를 취재하기 위해 세계 각지에서 온 기자들도 모여 있었어요. 헤이그 특사들은 회의장 입구까지 걸어갔어요. 그리고 이준이 크게 외쳤어요.

"여기를 봐 주십시오! 우리는 대한 제국의 특사단입니다!"

사람들이 웅성거리며 세 사람 주위로 몰려들었어요. 이위종이 나서서 말을 시작했어요.

"일본과 조선, 아니 대한 제국과 맺은 협정은 무효로 돌려야 합니다. 일본은 강압적으로 협정을 맺었고, 이는 국제법으로

설파(說破) | 說 말씀 설 破 깨뜨릴 파
어떤 내용을 듣는 사람이 납득하도록 분명하게 드러내어 말하는 거예요.

모순이 있기도 합니다. 우리는 여전히 자주 국가로서 존재하고, 외교권을 가지고 있습니다. 그러니 만국 평화 회의에 참석하게 해 주십시오!"

여기저기서 카메라 섬광이 터졌어요. 평강이 그 모습을 보고 신나서 뛰었어요.

"이제 일이 풀리려나 봐요."

설쌤이 고개를 흔들었어요.

"저 모습을 본 영국의 윌리엄 스태드 기자가 이위종과 인터뷰를 해. 헤이그 특사의 활약상은 전 세계 뉴스로 퍼져 나가게 되고, 그걸 계기로 더욱 활발하게 활동을 이어가. 하지만 그 사

실을 안 일제가 7월 20일 고종 황제를 강제로 퇴위시키고, 바로 얼마 뒤 대한 제국의 군대도 해산시켜 버려."

평강이 풀이 죽은 목소리로 물었어요.

"세 사람은 어떻게 돼요?"

"일제는 이상설에게는 사형형, 이준과 이위종에게는 종신형을 내려. 이준은 고종 황제가 퇴위되기 전 헤이그에서 숨을 거두고, 이위종과 이상설은 우리 땅으로 돌아갈 수 없는 처지가 돼. 두 사람은 헤이그에 이준의 묘를 만들어 준 뒤 그 후엔 앞장서서 독립운동에 뛰어들지."

그때 이위종이 다시 외치는 소리가 들렸어요.

"우리는 물러서지 않을 것입니다. 우리가 당장 실패해도 이렇게 끝내지 않습니다. 일제는 우리 땅을 침범했고, 우리의 주권을 빼앗으며 우리의 정신까지 말살하려 합니다. 하지만 마음대로 되지 않을 것입니다. 우리 민족은 쓰러져도 다시 일어서는, 아무리 밟아도 다시 살아나는, 끈질기고 강인한 민족입니다. 두고 보십시오! 우리 민족은 일제의 탄압에 맞서 들불처럼 일어날 것입니다!"

나라를 빼앗긴 민족의 설움

💬 헤이그 특사는 왜 실패했나요?

영국, 프랑스, 미국 같은 열강들이 헤이그 특사의 참석을 막은 것은 그 나라들이 그때 약소국을 식민지로 삼고 있던 시기였기 때문이었어요. 일본이 아닌 대한 제국의 손을 들어 준다면 자신들도 약소국을 식민지로 삼으려는 명분을 잃기 때문이었을 거예요. 1907년 헤이그 특사 사건 이후 1910년 8월 22일에 일본은 이완용 등의 친일파를 이용해 '한일 병합 조약'을 맺고, 8월 29일 발표했어요. 이로써 대한 제국은 패망하고 우리는 일본에 병합되어 식민지가 되지요.

💬 고종의 죽음이 3·1 만세 운동을 일으켰다고요?

헤이그 특사 사건으로 고종 황제가 일제에 의해 퇴위되고 고종 황제의 아들 순종 황제가 대한 제국의 2대 황제이자 조선의 27대 왕위에 올라요.

순종 황제는 1910년 한일 병합으로 물러나게 되어 조선의 마지막 왕이 되지요. 그 후 덕수궁에 머물던 고종 황제가 1919년 1월 21일 숨을 거두고, 이는 그 해 일어난 3·1운동의 도화선이 되었다고 해요.

순종 황제는 왕위에서 물러나 창덕궁에서 머물렀는데 1926년 4월 25일에 심장마비로 숨을 거두어요. 순종의 장례식 날짜에 맞춰 6·10 만세 운동이 일어나지요.

을사늑약에 대한 오해와 진실

💬 을사오적은 무슨 일을 했어요?

우리의 외교권을 박탈당한 '을사조약'을 '굴레 륵(勒)' 자를 넣어 을사늑약으로 부르는 것은 이 조약이 강압적으로 체결되었기 때문이에요. 1905년 이토 히로부미는 고종 황제와 대한 제국의 대신들에게 이 조약에 서명하라고 강요해요. 고종 황제를 비롯한 많은 대신들은 반대의 뜻을 굽히지 않았어요.

이때 찬성의 뜻을 보인 이완용, 이근택, 이지용, 박제순, 권중현을 을사오적이라고 해요. 을사늑약을 체결한 후 이토 히로부미는 통감부의 초대 통감이 되고, 이 을사오적을 내각에 앉혀 훗날 한일 병합을 돕게 하지요.

▲초대 조선 통감이었던 이토 히로부미

💬 일제에 당하고만 있었나요?

▲1898년 9월 5일에 창간된 황성 신문

을사늑약 체결 후 전국적으로 반대 운동이 일어났어요. 윤치호는 한성부 저잣거리에 나와 조약의 무효를 외치며 을사오적을 처단할 것을 요구하는 상소를 올렸어요. 유생과 농민들이 의병에 참여해 일제에 항거한 '을사의병'도 일어났어요. 이들은 곧 진압되거나 해산되었지만 이들 중 상당수는 독립군과 의열 투쟁에 참가해 항일 무장 독립 운동의 밑거름이 되었다고 해요.

<황성신문>의 주필인 장지연은 '이날에 목놓아 우노라'라는 뜻인 '시일야방성대곡'이란 글을 신문에 게재했어요. 이 글에서 장지연은 이토 히로부미를 극렬하게 비판하고, 우리 동포의 원통함을 알렸지요.

을사늑약 전에 일어난 역사적 순간들!

1 800년 순조 즉위, 세도 정치의 시작!

네에….

전하가 너무 어리시니 제가 도와드리지요.

세도 정치를 한 정순 왕후

정조가 승하한 뒤 순조가 11살의 나이로 왕위에 올랐어요. **순조가 어려서 정순 왕후가 국정을 대신 운영**하자, 그 측근이 권력을 휘둘렀어요. 이렇게 한 사람이나 가문이 권력을 잡고 나라를 다스리는 걸 세도 정치라고 해요. 그후, 60여 년 동안 세도 정치가 이어졌지요.

2 1863년 고종 즉위, 혼란의 시대!

고종 황제와 명성 황후가 가례를 올린 운현궁

1863년 고종이 왕위에 오르자 고종의 아버지 흥선 대원군이 나라를 운영했어요. 몇 년 뒤 흥선 대원군은 명성 황후를 며느리로 맞아요. 그런데 **외국 문물을 받아들이지 않는 쇄국 정책을 펼친 흥선 대원군**과 이에 반대한 명성 황후의 사이가 나빠지며 나라가 혼란해져요.

5 1882년 임오군란과 1884년 갑신정변

13개월 밀린 월급이 모래가 섞인 쌀이라니!

더 이상은 못 참아!

월급

임오군란의 발달이 된 구식 군인 차별

신식 군대와 구식 군인들 사이의 차별이 심해지자 구식 군인들이 1882년에 임오군란을 일으켰어요. 청나라가 군대를 보내 난을 진압하였고 이후, 내정에 간섭했어요. 이에 **김옥균을 중심으로 한 개화파가 1884년 갑신정변**을 일으켰지만, 3일 만에 실패로 돌아갔어요.

6 1894년 동학 농민 운동과 갑오개혁

동학 농민군이여! 나 전봉준을 따르시오!

동학농민군

갑오개혁의 촉매제가 된 동학 농민 운동

1894년에 일어난 동학 농민 운동이 실패로 끝이 났지만 농민군의 정신을 이어받아 갑오개혁이 추진되어요. **신분제를 폐지하고 도량형을 통일하는 등 여러 방면에서 근대적인 개혁**을 이루었지요. 하지만 갑오개혁은 일본의 강요에 의해 추진되었다는 한계가 있었어요.

조선 말부터 대한 제국이 수립되고 난 초기까지 한반도는 안팎으로 무척 혼란스러웠어요. 안에서는 개화를 추진하는 목소리가 들끓었고, 밖에서는 여러 열강들이 호시탐탐 한반도를 넘봤거든요. 우리나라의 국권을 일본에게 넘기기 전까지 어떤 역사적인 사건들이 있었는지 살펴볼까요?

3 1886년 병인양요와 1871년 신미양요

미국 함대 제너럴셔먼호를 불태운 평양 사람들

프랑스 함대가 강화도를 침입한 '병인양요'가 일어났어요. **프랑스인 선교사들과 조선인 천주교도들을 학살한 것 때문**이었어요. 그해 7월에는 평양 사람들이 미국 함대인 제너럴셔먼호를 침몰시켰어요. 미국은 이를 핑계로 강화도에 침입했고, 이를 '신미양요'라고 불러요.

4 1876년 일본과 강화도 조약을 맺다!

빨리 찍어!

일본의 강압에 의해 체결된 불평등 조약

1875년 9월에 일본 군함인 '운요호'가 강화도 앞바다에 침투하자 조선군과 일본군 사이에 전투가 일어났어요. 일본은 이 사건의 책임을 물으며 조선에 통상 수교를 요구하였고, 결국 **1876년에 조선과 일본은 '강화도 조약'을 체결**하게 돼요.

7 1894년 청일 전쟁, 일본의 승리로 끝남!

청일 전쟁 강화 회의 현장을 묘사한 그림

동학 농민 운동이 일어나자 위기에 처한 조정은 청나라에 도움을 요청했어요. 이때 일본도 조선에 군대를 파견해요. 농민군이 해산한 후에도 두 나라는 군대를 철수하지 않았고, 1894년 두 나라는 전쟁을 벌였어요. **청일 전쟁은 일본의 승리로 끝이 나요.**

8 1904년 러일 전쟁, 일본의 승리로 끝남!

러일 전쟁 당시 랴오둥반도에 상륙하는 일본군

1904년에서 이듬해인 1905년까지 만주와 한반도의 지배권을 두고 러시아와 일본이 벌인 전쟁이에요. **러일 전쟁에서 승리한 일본은 러시아와 '포츠머스 조약'을 체결**하였어요. 이 조약에는 한반도에서 일본이 우월한 지위를 갖는다는 내용을 포함하고 있었어요.

이번 역사 여행에선 무엇을 배운 것 같아?

음~

어마어마한 대군과 상대하는 데 망설임이 없는 을지문덕의 모습!

척

자신의 이상을 위해 온몸을 바친 만적과

조광조의 용기!

나라를 위해 헌신하는 헤이그 특사들의 도전 정신! 이런 것들을 배웠죠.

온달이 많이 배웠구나. 이 정도면 공주의 부마 자격이

충분한데?

훗, 전 이제 예전의 온달이 아니라고요. 더 열심히 무예도 연마하고 역사 공부도 할 거예요.

풋

척 척

후유, 아무리 도전을 하면 뭐 해… 실패만 하는걸.

으악! 무서운 들개다!

히익!!! 징그러운 대왕 거미!

징그럽다고? 아, 기분 나빠.

도전했지만 실패한 역사를 경험해서 자신감이 더 떨어진 것 같아요.

엄마야!

하지만 난 만적도, 조광조도 실패한 것이라고 생각하지 않아. 도전했다는 거 자체가 용기 있고 멋진 일인걸. 온달이 그걸 알아야 할 텐데.

아빠야!

3 저항을 이겨낸 성공

선사·고조선 시대
약 70만 년 전~기원전 108년

약 70만 년 전
구석기 시대
시작됨

기원전 8000년경
신석기 시대
시작됨

기원전 2333년
단군왕검,
고조선 건국

기원전 108년
고조선 멸망

떼석기

빗살무늬
토기

팔만대장경

> 백성들을 위해 언문 28자를 만들었노라.

1392년
고려 멸망
이성계,
조선 건국

1251년
팔만대장경 완성

조선 시대
1392년~1897년

1443년
세종, 훈민정음 창제
(1446년, 반포)

1258년
최 씨
무신 정권
무너짐

1231년
몽골 1차 침입
(~1259년, 6차례)

1592년
임진왜란
일어남

> 청나라 상인들의 얄팍한 꾀를 두고 볼 순 없지.

수원 화성

1882년
임오군란 일어남

1884년
갑신정변 일어남

1636년
병자호란
일어남

1796년
수원 화성
완공

1811년
홍경래의 난
일어남

1876년
강화도 조약
맺음

1894년
동학 농민 운동
일어남

1866년
제너럴셔먼호 사건,
병인양요 일어남

- 온조의 올바른 이사법
- 훈민정음을 반대한 학자들
- 장사의 신의 분노
- 세계를 뒤흔든 6발의 총소리

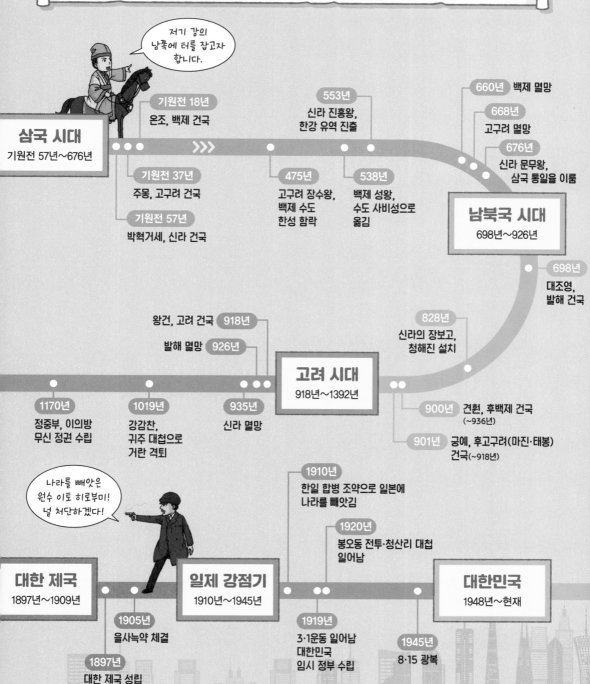

온조의 올바른 이사법

여기로 이사하자!

평강이 태건 역사 연구소의 소파에 앉아서 졸고 있었어요. 오래도록 역사 여행을 해서 지친 모양이에요. 설쌤은 다음 여행지를 생각하는지 두꺼운 역사서를 살펴보고 있었어요. 그때 온달이 벌컥 문을 열고 들어왔어요.

"아, 이제 같이 역사 여행 가는 것도 다 끝났어."

평강이 소란스러운 온달의 목소리에 잠을 깼어요.

"그게 무슨 말이야?"

"부모님이 이사할 곳을 알아본대. 아주아주 먼 지방으로 갈 수도 있을 것 같아. 난 우리 동네가 가장 좋은데 부모님을 설득할 방법이 없을까?"

평강과 설쌤이 서로 얼굴을 마주 보았어요. 온달이 먼 곳으로 이사 가 버리면 낭패였고, 둘은 당황해서 서로 눈빛을 교환

했지요. 설쌤이 온달을 평강 옆에 앉혔어요.

"이사갈 땐 가더라도 역사 여행을 빼먹을 순 없지. 자, 오늘은 직접 역사 속으로 떠나지 않고 이걸 보도록 해."

설쌤이 분필을 들고 하얀 벽면에 커다랗게 네모를 그렸어요. 그리고 한자로 '史' 자를 중앙에 쓰고 주문을 외웠지요.

"나라를 건국하라, 온조!"

주문을 외면 그곳으로 가야 하는데 이번엔 네모난 틀 안에 옛사람들이 나타났어요. 설쌤이 진땀을 흘렸어요.

"내 에너지를 모두 모아서 약 2000년 전의 모습을 그대로 보여 주는 거야. 잘 지켜보렴."

화면 안에는 화려한 옷을 입은 한 남자가 보였어요. 고구려를 세운 동명성왕, 고주몽이었어요. 그 옆에는 한 여자도 보였어요. 고주몽의 둘째 아내인 소서노였어요.

부여를 떠나 졸본으로 갔던 고주몽은 졸본 부여의 실력자인 연타발의 딸인 소서노와 두 번째로 결혼하고, 그곳에서 고구려를 건국했어요. 소서노는 고주몽이 고구려를 건국할 수 있도록 도왔었지요. 그런데 두 사람은 표정이 좋지 않아 보였어요. 소서노가 짐짓 화를 억누르고 말했어요.

"고구려를 세우는 데 제가 얼마나 큰 힘을 보탰나요? 그러면 두 아들인 비류와 온조 중에 후계자로 삼아야 하지 않나요? 제 아들들을 두고 유리를 태자로 삼다니요."

"나도 그러려고 그랬소. 하지만 첫 아내인 예 씨와 아들 유리가 살아서 나를 찾아올 줄 어찌 알았겠소."

소서노의 두 아들인 비류와 온조는 고주몽의 친아들이 아니었어요. 소서노의 첫 남편인 우태의 아들이었지요. 설쌤이 소리를 낮춰 평강과 온달에게 말했어요.

"온조는 고주몽의 아들이란 말도 있긴 해."

화면에서는 소서노가 고주몽에게 고개를 숙여 인사하는 모습이 보였어요.

"내 아들 비류와 온조는 고구려의 왕이 될 수 없는 운명인가 보군요."

고주몽이 쩔쩔매고 있을 때 소서노는 침소에서 나왔어요. 그리고 바로 두 아들에게 달려갔어요. 두 아들은 마침 왕위 계승 문제로 이야기를 나누고 있었어요. 그때 소서노가 두 아들을 찾아간 것이에요. 소서노를 본 두 아들은 화들짝 놀랐어요.

"어머니, 야심한 시각에 무슨 일이십니까?"

"아들들아, 잘 들어라. 우리는 아무래도 이 나라를 떠나야 할 것 같다."

소서노의 말에 비류가 짐작한 듯이 고개를 끄덕였어요.

"지금 나라는 유리가 태자가 된 것을 모두 축하하고 있습니다. 유리가 아버님의 뒤를 이어 고구려의 왕이 되면 우리 형제의 안위가 걱정되기도 합니다."

온조도 그 말에 동조*했어요.

"이 땅을 떠나 남쪽으로 가 볼까요?"

다음 날부터 소서노와 두 아들은 조용히 떠나갈 채비를 했어요. 그들을 따르던 신하들과 백성들도 함께 떠나기로 했지요.

화면에서는 사람들의 무리가 강을 건너고, 산을 건너서 걷는 모습이 보였어요. 그들은 동굴에 들어가 잠을 청했다가 다시 길을 떠났어요. 산짐승을 만나면 잡아서 식량으로 삼고, 나무에 열린 열매를 따 먹었어요.

몇 날 며칠을 걷고 또 걸었어요. 걷다가 지친 무리들이 쉬고 있을 때 소서노가 두 아들에게 말했어요.

"여기는 한산이다. 저기 부아악이 가장 높으니 저곳에 오르

동조(同調) | 同 같을 동 調 고를 조
남의 주장에 자기의 의견을 일치시키거나 보조를 맞추는 걸 말해요.

131

면 아래로 펼쳐진 땅을 두루 살펴볼 수 있을 것이야. 너희들과 신하들은 나를 따라 저곳에 올라갔다 오자."

소서노와 두 아들과 신하들은 높은 산봉우리를 향해 올라갔어요. 숨이 턱에 찰 만큼 오르고 올랐을 때 드디어 정상에 다다랐지요. 마침 하늘이 맑고 구름 한 점 없는 날이었어요. 소서노가 두 아들에게 물었어요.

"저기 저 넓은 땅 가운데 어디에 터를 잡으면 좋겠느냐?"

비류가 아래를 굽어보더니 말했어요.

"저기 서쪽의 해안가가 좋을 듯합니다. 바다가 가까워서 물고기를 얻을 수 있고, 바다 건너 다른 나라와 교류하기에도 좋을 듯합니다."

그러자 신하들이 나서서 말렸어요.

"그곳보다는 저기 강의 남쪽인 하남 지역이 좋을 듯합니다. 저곳에 터를 잡으면 북쪽에는 강이 흐르고, 동쪽으로는 산이 있고, 남쪽으로는 기름진 땅, 서쪽으로는 큰 바다가 있으니 가장 좋은 환경일 것입니다."

소서노가 신하들의 말을 듣고 온조에게 뜻을 물었어요. 온조가 고개를 끄덕였지요.

"신하들의 말이 옳아 보입니다. 저기에 터를 잡고 나라를 세우면 될 듯합니다."

　비류는 뜻을 굽히지 않았어요.

　"저는 아무리 생각해 봐도 저 해변 쪽이 나을 것 같습니다."

　소서노가 온조와 비류의 말을 듣고 곰곰이 생각하더니 대답했어요.

　"너희의 생각이 다르다면 각각 터를 잡도록 하라. 나는 첫째인 비류를 따라가겠다."

　부아악에서 내려온 두 형제는 각각 터를 잡으러 떠났어요. 비류는 자신을 따르는 백성들과 함께 바다와 가까운 미추홀 땅으로 떠났지요. 온조는 열 명의 신하와 또 다른 백성들과 함께

하남 지역으로 떠났어요. 그 장면에서 갑자기 화면이 흔들리며 지지직 소리가 났어요.

"아, 힘이 다 빠졌어. 더 이상 보여 주기 힘들 것 같아."

설쌤이 소파에 털썩 주저앉아 숨을 몰아 쉬었어요. 온달이 눈이 동그래져서 설쌤을 졸랐어요.

"여기서 멈춰 버리면 어떡해요? 그래서 어떻게 됐어요?"

설쌤이 호흡을 가다듬고 말했어요.

"비류가 터를 잡은 미추홀은 지금의 인천으로 추정돼. 온조가 터를 잡고 위례성을 쌓은 곳은 서울의 송파구 인근으로 추정되지. 온조는 열 명의 신하들과 함께 나라를 세워서 나라 이름을 '십제'라고 했어. 점차 시간이 흘러가며 비류가 터를 잡은 곳은 백성들이 편하게 살 수 없는 곳으로 보였어. 땅이 습하고 물이 짜서 농사를 짓기에도 쉽지 않았거든. 물론 지금의 인천 미추홀은 아주 살기 좋은 곳이지만 말이야."

"온조는요? 온조는 어떻게 됐어요?"

"온조가 터를 잡은 곳은 척박*하지 않고 기름진 땅이었어. 위례성은 나날이 발전해서 점점 세력을 키울 수 있었지. 비류가 먼저 죽은 후, 미추홀에 살던 백성들이 위례성으로 몰려들었어. 점점 세력이 커지자 온조는 나라의 이름을 '백제'로 바꾸

척박(瘠薄)

瘠 여윌 **척** 薄 엷을 **박**
'척박하다'로 쓰이며 땅이 기름지지 못하고 몹시 메마른 걸 가리켜요.

고, 백제의 첫 번째 왕이 된 거지. 이때가 기원전 18년이었어."

묵묵히 이야기를 듣고 있던 온달이 손바닥으로 자기 무릎을 탁 쳤어요.

"설쌤이 백제 건국 이야기를 해 준 이유를 깨달았어요. 온조가 현명하게 판단해서 좋은 곳으로 이사할 수 있었단 말이죠? 얼른 부모님께 가서 우리 집 위치가 가장 좋은 이유를 설명해야지. 집 앞에 코인 노래방도 있고, 빵빵한 빵집도 있고, 꿀꿀이 삼겹살집, 부글부글 부대찌개……. 으, 이런 맛집들을 두고 떠날 수 없어."

온달은 문을 열고 나가더니 부리나케 집을 향해 달려갔어요. 평강이 온달의 뒤꽁무니에 대고 소리를 질렀지요.

"온달! 부모님께 잘 말씀드려. 이사 가면 절대 안 돼!"

설쌤은 고개를 절레절레 흔들었어요.

"제대로 이해를 한 것 같기도 하고, 아닌 것 같기도 하고!"

삼국 시대의 건국 신화

🗨 세 나라의 건국 신화는 어떻게 달라요?

고구려를 세운 고주몽은 알에서 태어났다고 해요. 동부여의 금와왕이 길을 가다가 유화 부인을 만나요. 유화 부인은 강의 신 하백의 딸로 천제의 아들인 해모수와 사랑에 빠졌다가 아버지로부터 노여움을 사서 쫓겨난 신세였어요. 금와왕이 유화 부인을 딱하게 여겨 궁궐로 데려갔는데 얼마 지나지 않아 유화 부인이 알을 낳아요. 그 알에서 태어난 아이에게 주몽이란 이름을 붙이는데 이는 '활을 잘 쏘는 사람'이란 뜻이지요. 신라의 시조 박혁거세도 알에서 태어났다는 신화를 가졌어요. 그에 비해 백제의 온조는 특별한 건국 신화가 남아 있지 않지요.

나는 알에서 태어났지.

모름지기 영웅은 알에서 태어나는 법!

쩝, 난 그냥 태어났는데….

우리가 영웅이래!

진짜?

고주몽   박혁거세   온조

🗨 박혁거세도 알에서 태어났다고요?

아주 먼 옛날 지금의 경주 지방엔 여섯 마을이 있었어요. 서로 6촌이라고 하고 이들의 우두머리들이 함께 나라를 다스렸지요.

그러던 어느 날, 우물 옆 숲에서 빛이 보이더니 흰 말이 하늘 위로 날아갔어요. 그곳에는 커다란 알이 하나 놓여 있었어요.

여섯 촌장이 알에 손을 대자, 그 안에서 건강한 사내아이가 나왔어요. 이 아이는 건강하게 자라 사로국의 왕으로 추대되었어요. 사로국은 22대 지증왕 때 신라로 이름을 바꾸지요.

허어, 숲속에 알이라니! 기이한 일이로다.

응애!

삼국 시대에 대한 오해와 진실

💬 먹는 음식이 서로 달랐어요?

고구려, 백제, 신라는 비슷하지만 다른 음식 문화가 있었어요. 세 나라 백성들은 곡식을 농사지어서 먹고, 그때부터 이미 김치와 같은 채소 절임을 먹었다고 해요. 삼국 시대 이전부터 콩을 발효한 장을 만들어 먹고, 농사지은 곡식으로 떡을 만들어 먹기도 했고요.

▲1971년에 촬영된 벽골제 수문의 모습

차이점이라면 고구려는 땅이 춥고 건조하여 쌀과 함께 조를 많이 생산했어요. 신라는 쌀과 보리를 많이 지었고요. 백제가 논농사 짓기에 가장 좋은 환경이어서 쌀농사를 가장 많이 지었다고 해요. **전라북도 김제에 있는 벽골제라는 저수지는 백제 때 논농사를 위해 만든 저수지**이지요.

💬 세 나라 사람은 서로 말이 통했나요?

오늘날 우리가 사용하는 현대어의 뿌리는 신라어라고 해요. 지금과는 사뭇 다르겠지만, 말의 어원이나 발음하는 방식 등이 신라어에서 뿌리를 찾을 수 있는 것이지요. **신라가 삼국을 통일한 후, 신라어가 그 당시의 표준어가 되었고, 그 언어가 계속 이어져 온 것**이에요.

백제어에 대한 기록은 많이 남아 있지 않아서 정확한 형태를 추측하기는 힘들어요. 다만 몇몇 사례가 남아 있어서 그 정도만으로 백제어의 형태를 추측하고 있어요. 백제에서는 불을 '부리', 곰을 '고마', 돌을 '돌악', 새를 '사'라고 한 자료가 남아 있어요. 백제는 고구려에서 갈라져 나온 나라여서 고구려어도 백제어와 비슷했을 것으로 추측하지요.

여러 나라의 각각 다른 수도들!

고구려, 졸본에 나라를 세우다!

중국 랴오닝성에 있는 오녀산성

고주몽은 부여를 떠나, 기원전 37년경 졸본에 고구려를 세웠어요. **졸본은 지금의 중국 랴오닝성 환런현으로, 둘러싼 산세가 험악해서 적을 막기에 유리한 곳이었어요.** 하지만 2대 왕인 유리왕 때 국내성으로 수도를 옮기기 전까지, 40여 년 동안만 수도의 역할을 했지요.

고구려의 수도 평양성!

장수왕의 능으로 추정되는 장군총

두 번째 수도는 지금의 중국 지린성 지안시에 위치했던 국내성이고, **국내성에서 평양성으로 다시 수도를 옮긴 것은 427년 장수왕 때**였어요. 장수왕은 고구려의 영토를 가장 크게 넓힌 왕으로, 남쪽으로의 진출을 위해(남진 정책) 평양성으로 도읍을 옮겼다고 해요.

발해의 수도 상경!

상경 터에서 발굴된 발해 유물

대조영이 고구려를 계승해 698년에 세운 나라예요. **발해는 한반도 북부와 만주, 연해주 등을 포함하는 넓은 영토를 가진 나라였어요.** 926년 거란의 침공으로 멸망할 때까지 여러 번 수도를 옮겼는데, 마지막 수도인 상경 용천부에는 당시의 성벽, 절터 등이 남아 있지요.

후백제와 후고구려의 수도!

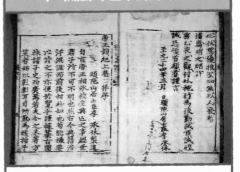

후삼국 시대의 역사가 기술되어 있는 <제왕운기>

후백제는 견훤이 900년에 완산주(지금의 전주)에 세운 나라예요. 궁예도 나라를 세웠는데 처음에 후고구려, 그리고 마진, 태봉 순으로 이름을 바꾸어요. 궁예는 송악(송악에서 개경, 조선 시대 이후로는 개성으로 불림)을 수도로 삼았다가 철원으로 수도를 옮겼어요.

한 나라의 정치나 행정의 중심이 되는 도시를 가리켜 수도라고 해요. 나라의 수도를 정할 땐 지리적인 여건이나 경제적인 여건 등 여러 가지 것들을 고려해야 돼요. 한반도에서 세워진 여러 나라들의 각각 다른 수도들을 살펴보아요.

백제의 수도 웅진성과 사비성!

웅진 시대의 유적인 공주 공산성 임류각

처음 한강 유역인 한성에 도읍을 정한 백제는 수도를 점점 남쪽으로 옮겼어요. 고구려 장수왕의 침략을 받아 개로왕이 죽고 한성까지 빼앗기자, 개로왕의 아들인 문주왕이 웅진(공주시)으로 수도를 옮겨요. **중흥을 꿈꾼 성왕 때 다시 사비(부여시)로 옮긴 것**이지요.

신라의 수도 금성!

통일 신라 때 만든 경주 토함산의 석굴암

경상북도에 있는 경주시를 흔히 천 년 수도라고 일컬어요. 삼국 시대의 신라와 통일 신라 시대를 합치면 천 년에 이르는데 신라는 **경주에 도읍을 정한 후, 한 번도 수도를 옮기지 않았거든요.** 서라벌, 금성 등으로 불린 경주는 그래서 도시 전체가 유적지인 셈이지요.

고려의 수도 개경!

개성에 있는 고려 태조 왕건의 능

고려는 궁예의 태봉을 무너뜨리고 세워진 나라여서 철원에서 건국되었어요. 하지만 철원에서 반란이 잦자, 919년 왕건은 개경(지금의 개성)으로 수도를 옮겼어요. **개경은 436년 동안 고려 왕조의 수도로서 정치, 경제, 문화의 중심지였지요.**

조선의 수도 한양!

1820년경 수도 한양의 모습을 그린 '수선전도'

1392년 조선을 건국했을 땐 개경이 수도였어요. 새로운 수도를 고르다가 계룡산 쪽과 한양 두 곳 중 한양의 손을 들어 주었지요. 1394년 10월, **한양으로 옮긴 후, 궁궐과 성벽 건설 등 대대적으로 계획도시를 만들어 갔고, 1395년에는 한성으로 이름을 바꾸었지요.**

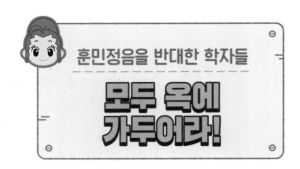

훈민정음을 반대한 학자들
모두 옥에 가두어라!

'설쌤이 역사 여행은 좀 쉬고 호주로 같이 놀러 가자고 했지? 히히, 그동안 갈고닦은 영어 실력을 좀 보여 줄까?'

온달이 기다리고 있던 설쌤과 평강을 향해 뛰어갔어요. 평강이 달려오는 온달을 향해 눈살을 찌푸렸어요.

"넌 왜 또 늦은 거야?"

온달이 손을 흔들며 인사했어요.

"쏘리! 아이 엠 쏘리!"

설쌤이 영어를 쓰는 온달을 타박했어요.

"영어 공부를 열심히 하는 건 좋지만, 넌 한글도 제대로 사용할 줄 모르잖아."

"그게 무슨 말이에요. 전 말도 잘하고, 글도 잘 쓴다고요!"

설쌤이 뒷주머니에서 온달에게서 받았던 오래전 편지를 꺼내 보였어요. 편지에는 맞춤법과 띄어쓰기가 엉터리로 된 내용이 잔뜩 쓰여 있었지요.

"이것 봐. 맞춤법이 엉망이잖아. 힘들게 한글을 만드신 세종 대왕이 울고 가시겠다."

"에이, 한글을 더 쉽게 만들었어야죠. 또 세종 대왕이 아니라 집현전 학자들이 만든 거잖아요."

"쯧쯧, 한글만 제대로 못 쓰는 것이 아니라 아직도 역사를 제대로 알지 못하고 있구나. 호주 여행은 미뤄야겠어."

"그, 그건 안 돼……."

온달이 미처 말을 끝내기도 전에 설쌤이 신비한 분필을 꺼내어 '史' 자를 썼어요. 그러고는 주문을 외웠지요.

"나랏 말씀이 중국과 달라, 훈민정음!"

어느새 세 사람은 궁궐의 어느 방 앞에 와 있었어요. 평강과 온달이 어리둥절한 표정으로 서로를 쳐다보고 있을 때 방 안에서 누군가 격앙된 목소리로 말하는 것이 들렸어요.

"신, 최만리 아뢉니다. 오래도록 우리는 한자로 글을 쓰고, 한자로 학문을 닦아 왔습니다. 한자로 된 가르침에 따라 조선의 기반이 세워진 것이지요. 그런데 그런 새로운 글자, 언문을 사용한다면 큰 나라인 명나라에게 예의가 아닌 줄 아옵니다."

또 다른 신하의 목소리로 들렸어요.

"신, 김문도 아룁니다. 집현전 부제학 최만리의 말이 옳습니다. 여진이나 일본 같은 오랑캐들이나 글자를 만들어 쓰지 않습니까?"

설쌤이 문 뒤에서 평강과 온달에게 말했어요.

"세종 26년인 1444년 2월이야. 한글은 1443년 12월에 창제되었는데, 그 사실을 안 집현전의 원로 학자들이 거세게 반대하는 상소를 올렸어. 상소를 올린 최만리, 김문, 하위지 같은 신하들이 세종 앞에서 또다시 반대의 뜻을 밝히고 있는 거야."

부제학 최만리는 임금에게 무례할 정도로 거침없이 말을 이었어요.

"공정한 송사*를 위해 언문을 만든다지만 재판이 제대로 되는 것은 말과 글의 문제가 아니라 재판관의 공정함에 달려 있을 것입니다. 또 중차대한 국가의 다른 일을 두고, 서둘러 언문

송사(訟事)	訟 송사할 송 事 일 사 재판에 의하여 법률적으로 잘잘못을 따지는 것을 말해요.

을 만들어 반포하는 것은 성급한 처사이옵니다. 세자께서도 언문에 신경을 쓰느라 정작 중요한 성리학 공부를 게을리하시니 이 또한 우려되옵니다."

잠자코 듣고 있던 세종이 집현전 원로 학자들을 향해 타이르듯 말했어요.

"한자를 읽고 쓸 줄 아는 이들은 모두 양반, 선비 아니오? 다른 백성들은 어려운 한자를 배울 수 없어 글을 읽을 줄도, 쓸 줄도 모르오. 억울한 일을 당해도 제 뜻을 제대로 전할 수 없으니 이 얼마나 안타까운 노릇이오. 그리하여 내 직접 언문 28자를 만들어 백성들이 쓰도록 할 것이니 경들은 더 이상 반대하지 마오."

집현전 학자들은 쉽게 물러서지 않았어요.

"아니 되옵니다, 전하! 언문 사용을 고려해 주시옵소서!"

세종도 뜻을 굽히지 않았어요.

"짐이 몸이 아픈 와중에도 백성들을 위해 몇 해에 걸쳐 훈민정음을 연구했소. 이 사실을 미리 밝히면 경들이 반대할까 봐 은밀히 세자와 왕자들과만 더불어 상의했지. 염려했던 대로 경들이 반대하지만, 나 또한 내가 옳다고 생각한 바를 실천할 것이오!"

최만리가 세종에게 강경한 말투로 다시 반대했어요.

"전하! 언문은 상스러운 글자이며 기이한 기예에 지나지 않는 것이옵니다. 학문을 해치고 정치에 해로울 따름입니다."

세종의 얼굴이 벌겋게 달아올랐어요. 세종은 자리에서 벌떡 일어나며 학자들을 향해 큰소리쳤어요.

"더 이상 참을 수 없다. 경들은 백성들을 생각하는 짐의 마음을 정녕 모른단 말인가?"

세종이 문을 드르륵 열면서 외쳤어요.

"여봐라! 최만리와 반대하는 상소를 올린 신하들을 당장 옥에 가두어라!"

문 앞에서 몰래 엿듣고 있던 설쌤과 평강, 온달은 황급히 밖으로 빠져나왔어요. 뜰의 나무 아래 숨었을 때 의금부 병사들이 달려와 신하들을 끌고 가는 것이 보였지요.

세종은 궁궐 안의 다른 곳으로 가는 듯 보였어요. 설쌤과 평강, 온달이 몰래 따라갔지요. 세종이 들른 곳은 왕세자가 머무는 동궁이었어요. 동궁 안에는 세종의 맏아들이자 훗날 세종의 뒤를 이어 조선의 5대 왕, 문종이 되는 세자가 있었어요.

설쌤이 문종을 가리키며 작은 목소리로 말했어요.

"문종은 아버지를 닮아 학문을 좋아하고, 인품도 온화했다고 해. 약 30여 년 세자로 있으면서 세종의 일을 많이 도왔는데 훈민정음을 창제할 때도 다른 왕자, 공주와 함께 글자에 대해 연구한 것을 세종과 논의했다고 해."

온달이 고개를 갸웃거렸어요.

"한글은 집현전 학자들이 만든 게 아니었네요? 오히려 집현전 학자들은 대체로 한글을 반대한 입장이었네요."

"맞아. 그래서 세종은 한글을 만들 때 학자들을 시키기보단 주도적으로 나섰지."

그때 세종과 세자가 이야기 나누는 소리가 들렸어요.

"아바마마, 신하들의 반대하는 목소리가 대단하다고 들었습니다."

"그렇다고 물러나면 안 될 것이다. 이제 집현전의 젊은 학자들인 정인지, 신숙주, 성삼문 등에게 훈민정음을 알리는 일을 맡기고, 언문 책도 간행하게 할 것이다."

몰래 이야기를 엿듣고 있던 평강이 설쌤에게 물었어요.

"성삼문이라면 저번 여행 때 단종 복위*를 시도하다가 세조에게 죽임을 당한 그 신하잖아요?"

"맞아. 신숙주는 세조 편에 섰고, 성삼문 등은 세조의 반대편에 선 거지. 세조가 바로 세종의 둘째 아들인 수양대군이었

복위(復位) 　　復 회복할 복　位 자리 위
폐위되었던 제왕이나 후비가 다시 그 자리에 오르는 거예요.

145

고, 이때 세종의 한글 창제를 도왔다고 해.”

세 사람은 동궁에서 나오는 세종을 물끄러미 쳐다보았어요. 어깨가 무거워 보였고, 발걸음에 힘이 빠진 것처럼 보였어요. 세종이 지나칠 때 혼잣말하는 소리가 들렸어요.

“조선의 선비와 지식인들이 훈민정음을 받아들이지 않으려는 것은 글을 자신들만의 소유물로 가지고 싶기 때문일 것이다. 하층민들이 글을 배우고 똑똑해지면 그들을 지배하기 힘들 것이어서 배워서 읽고 쓰기 편한 훈민정음이 백성들에게 전해지는 것을 반대하는 것이야.”

세종은 하늘을 올려다보더니 다시 탄식을 내뱉었어요.

"후유, 백성들을 위하는 길이 이리 힘들단 말인가? 기필코 훈민정음을 온 백성이 사용하는 문자로 만들고 말아야지."

세종은 마음이 싱숭생숭한지 쉽사리 자리를 뜨지 못했어요. 한 발 두 발 천천히 뜰을 거닐다가 뒤돌아 다시 무거운 발걸음을 옮겼어요. 조선의 산하*에 있는 만백성이 잠들었을 시각이었어요. 세종은 파르스름한 새벽 공기를 뚫는 첫닭 울음소리가 울릴 때가 되어서야 침소로 걸어갔지요.

세종이 사라지자, 설쌤이 두 아이 쪽으로 다가왔어요.

"한글은 세계의 많은 다른 나라의 문자와 다른 점이 있어. 다른 나라의 글은 언제 어떻게 만들어졌는지 알 수 없지만, 한글은 유일하게 만든 때와 만든 사람을 알 수 있는 문자이지. 또 가장 배우기 쉽고 가장 사용하기 쉬운 문자이기도 하고."

온달이 설쌤의 이야기를 쭉 듣더니 엄지를 치켜올리며 말했어요.

"세종 대왕, 베리굿!"

"어휴, 온달은 정말 못 말려."

평강이 어이없다는 듯 웃었답니다.

산하(山河)　山 메 산　河 물 하
산과 내라는 뜻으로 자연을 이르는 말이에요.

한글을 만든 세종 대왕의 노력

💬 〈용비어천가〉가 한글로 된 책이었어요??

세종은 집현전 학자들의 반대를 물리친 다음 한글을 널리 알리기 위해 여러 사업을 벌였어요. 학자들을 시켜 한글로 된 책을 만들게 했지요. 그렇게 해서 탄생한 첫 번째 한글 책이 〈용비어천가〉예요. 용비어천가는 태조 이성계의 4대 조상부터 태종까지의 업적을 찬양하는 책이었지요. 〈삼강행실도〉와 〈열녀도〉, 〈효경〉 같은 책도 한글로 펴냈어요. 유교의 이념이 담긴 책을 한글로 만들면 일반 백성들까지도 충과 효 같은 유교 이념을 쉽게 배울 수 있을 것이라 생각해서였지요.

💬 한글은 조선 시대 내내 푸대접받았다고요?

세종이 1446년 훈민정음을 반포했지만, 한글은 처음부터 널리 쓰인 것이 아니에요. 궁중이나 양반집 부인들이 주로 써서 '암글'이라고 불리었어요.

훈민정음을 낮추어 부른 '언문'이란 표현처럼 여전히 양반 사대부들은 한글을 쓰는 것을 업신여겼고, 나라의 중요한 문서도 한자로 쓰여졌지요.

연산군 때는 임금을 비난하는 벽보를 누군가 한글로 써 붙여서 화난 연산군이 한글로 된 책을 불태우고 한글을 쓰지 말도록 지시했어요.

한글에 대한 오해와 진실

💬 한글이란 말은 뒤늦게 생긴 말이라고요?

세종은 새로운 글자를 만들고 이를 '백성을 가르치는 올바른 소리'란 뜻의 훈민정음이라고 불렀어요. '한글'이라는 이름을 얻은 것은 창제 후 500여 년이 지난 뒤인 일제 강점기였어요. 조선어 학회가 1926년에 훈민정음 반포일을 기념하여 '가갸날'로 정하고 기념식을 했어요.

▲훈민정음을 만든 세종 대왕의 동상

2년 후인 **1928년 기념식부터는 국어학자 주시경이 '한글'이란 단어를 만들어 '한글날'이라고 고쳐 불렀고**, 이때 만든 한글날이 지금도 공휴일로 제정되어 기념되고 있지요.

💬 최초의 한글 교과서를 외국인이 만들었다고요?

서울 마포구에는 양화진 외국인 묘역이 조성되어 있어요. 그중 한 묘비에는 '한국인보다 한국을 더 사랑했고, 자신의 조국보다 한국을 위해 헌신했던 빅토리아 풍의 신사 이곳에 잠들다'라고 기록되어 있지요. 이 묘비의 주인은 **호머 헐버트란 미국 선교사이자 교육자로 1886년 조선에 입국해 최초의 근대식 교육 기관인 육영 공원에서 영어를 가르친 인물**이에요.

호머 헐버트는 수업을 위해 개인 교사를 채용해 한글을 배우면서 단기간에 상당한 한글 실력을 갖추었다고 해요. 한글의 우수성에 놀란 그는 1889년 한글로 쓰인 최초의 지리 교과서 <사민필지>를 직접 만들어 교재로 사용했어요. 호머 헐버트는 헤이그 특사가 파견되자 여러 지원을 하는 등 한국의 독립운동에도 기여했지요.

한글과 관련한 사건과 인물!

1443년 창제, 1446년 반포하다!

지배 계층의 문자였던 한자

한글이 만들어지기 전 우리나라는 중국의 문자인 한자를 사용했어요. **한자는 우리말을 제대로 옮기기 힘들었고 배우는 것 또한 어려웠어요.** 1443년, 세종 대왕은 우리나라의 고유 문자인 '훈민정음'을 만들었어요. 창제 후 실용성을 시험해 본 뒤 1446년에 반포했지요.

최초의 한글 소설 <홍길동전>

우리나라 최초의 국문 소설 주인공이 바로 나란 말씀!

신분 제도를 비판한 소설의 주인공 홍길동

조선 광해군 때 **허균이 지은 우리나라 최초의 한글 소설**이에요. 비범한 능력을 지녔지만 서자라는 이유로 차별받던 홍길동이 활빈당이라는 집단을 조직해 가난한 백성을 돕다가 율도국을 세운다는 내용이에요. 조선 시대 사회 제도의 모순과 부패한 정치를 꼬집고 있지요.

최초의 한글 신문 <독립신문>

총 4면으로 제작된 최초의 민간 신문

1896년 독립 협회의 서재필이 창간한 **우리나라 최초의 민간 신문이자 최초의 한글 신문**이에요. 총 4면으로 제작되었는데 3면은 순한글로 되어 있고 1면은 영문으로 구성되었어요. 띄어쓰기를 최초로 반영하여 띄어쓰기를 정착시킨 신문이기도 하지요.

국어를 정립한 최현배

오늘은 꼭 쇼부(승부)를 내겠어!

아이들도 일본 말을 많이 쓰는군.

쟝켄퐁 (가위바위보)으로 순서를 정하자.

국어 연구에 크게 이바지한 최현배

최현배는 일제 강점기 시절 **우리의 언어와 문자를 지키기 위해 노력한 독립운동가이자 국어학자**였어요. 1937년 국어 문법서인 <우리말본>을 편찬했고, 1941년에는 한글 연구의 이론과 역사를 다룬 <한글갈>을 펴내며 국어 연구에 크게 이바지하였지요.

한글은 세종 대왕이 만든 우리나라 고유의 글자로, 세계에서 유일하게 만든 사람과 창제 연도를 알고 있는 문자예요. 한글은 다른 나라의 문자를 빌리지 않고 독창적인 원리로 만들었을 뿐 아니라 그 구성 원리가 매우 과학적이고 쉽게 배울 수 있어요. 1997년 10월에는 유네스코 세계 기록 유산으로 등록되며 전 세계적으로 그 우수성을 인정받았어요.

김만중이 쓴 한글 소설 <구운몽>

고전 한글 소설의 대표작 <구운몽>을 쓴 김만중
조선 시대의 문신 김만중이 쓴 한글 소설이에요. 불도를 수행하던 성진이 팔선녀를 만나 세속적인 욕망을 품게 되고, 꿈속에서 부귀영화를 누리다가 잠에서 깨어나 부귀영화의 허망함을 깨닫게 된다는 내용이에요. 꿈과 현실을 넘나드는 환몽 구조로 이루어져 있어요.

주시경과 초초의 국어사전 <말모이>

우리나라 최초의 국어사전 <말모이>의 원고
1910년대 조선 광문회에서 **주시경 선생 중심으로 그의 제자들이 함께 편찬을 시도했던 최초의 우리말 사전 원고예요.** 아쉽게도 편찬자들의 사망 등으로 출판은 되지 못했지만, 말모이의 원고는 훗날 조선어학연구회로 넘어가 조선어 사전을 만드는 밑거름이 되었어요.

훈민정음 해례본을 지킨 전형필

문화재 보존에 힘쓴 간송 전형필의 일기 전시 모습
1943년 '훈민정음 해례본' 원본이 발견되자 **전형필 선생은 해례본을 구입한 뒤 일제의 눈을 피해 보관하였어요.** 한국 전쟁이 발발했을 땐 피란길에서도 훈민정음을 상자에 넣어 낮에는 가슴에 품고 밤에는 베고 자며 한순간도 몸에서 떼어내지 않고 지켜냈지요.

해외로 수출된 한글

한글 표기법을 활용하는 찌아찌아족
한글은 짧은 기간에 쉽게 배울 수 있어서 문맹률이 높은 나라에 수출되기도 해요. 1994년부터 라후족(태국), 로바족(중국), 오로첸족(중국), 어웡키족(중국), 찌아찌아족(인도네시아), 솔로몬 제도 과달카날주·말라이타주 등 6개 지역에 한글 표기법이 전달되었지요.

장사의 신의 분노
인삼을 모두 태워라!

장작불이 활활 타오르고 있었어요. 장작불 주위로 많은 사람들이 모여 한 사내를 바라보고 있었어요. 사람들은 청나라 말로 웅성대고 있었지요.

"설마 저런 귀한 것을 태우진 않을 거야."

"맞아. 괜히 우리를 겁박하려는 거겠지."

그때 사내가 곽에 든 홍삼을 꺼내 불길에 던졌어요. 사람들이 놀라서 쳐다보았지요.

"허허, 저 사람 봐. 진짜 태우려나 봐."

사내가 이번에는 옆에 쌓여 있는 홍삼을 한아름 안아서 장작불 위로 던졌어요. 청나라 사람들 속에 섞여 있던 온달이 설쌤에게 물었어요.

"저 사람은 누구예요?"

평강도 궁금한지 설쌤에게 물었어요.

"도대체 왜 저러는 거예요?"

"저 사람은 조선 후기, 압록강에 인접한 의주의 상인으로 유명했던 임상옥이야. 의주의 상인을 만상이라고 부르는데 아주 크게 성공한 상인이어서 거상이라고도 부르지."

설쌤은 청나라 사람들 뒤쪽으로 평강과 온달을 데려가서 거상 임상옥에 대한 이야기를 들려주었어요.

"임상옥은 아버지가 역관(외국어를 통역하고 번역하는 일을 담당한 관리)을 꿈꾸어서 어릴 때부터 중국 청나라의 수도인 베이징을 여러 차례 따라갔었어. 다른 문물에 대해 일찍부터 눈을 떴고, 물건을 팔아 이윤을 남기는 상업이 나라를 부강하게 만들고 스스로 부자가 될 수 있는 방법이라고 생각했지. 조선 후기, 임상옥이 상인으로 활동할 때는 다른 나라와의 교역을 활발하게 하지 못하게 할 때였어. 의주는 청나라와 국경을 접하고 있어서 사신들이 의주를 거쳐 청나라에 가곤 했는데 그때 상인들도 따라가서 물건을 파는 것은 허락해 주었지."

온달이 잠이 덜 깼는지 눈을 비비며 물었어요.

"여기가 청나라 베이징이에요? 중국 여행을 못해 봤는데 설쌤 덕분에 중국도 와 보네요."

"맞아. 지금은 임상옥이 43살 때인 1821년이고, 여기서 인삼 같은 약재를 사고파는 약령 시장이 열리고 있지."

"그런 것밖에 안 팔아요? 햄버거 같은 거 사 먹고 싶은데……."

평강이 온달의 입을 두 손으로 막았어요.

"어휴, 이 먹보야. 청나라에서 햄버거를 팔 리가 있어? 설쌤, 그런데 임상옥은 왜 홍삼(인삼을 쪄서 말린 것)을 불태우는 거예요?"

설쌤이 평강과 온달을 데리고 임상옥과 떨어져 서서 울상을 짓고 있는 한 남자에게 다가갔어요.

"저분이 왜 홍삼을 태우고 있소?"

"어휴, 말도 마요. 난 저분 밑에서 일하는 행수인데 다 청나라 약종상들 때문이오. 그들이 담합*을 해서 우리 홍삼을 사지 않고 있소."

"그래서요?"

"저 도방 어르신이 1근에 150냥으로 홍삼 가격을 공시했는데 청나라 약종상들이 거들떠보지 않았다오. 우리는 변무사(조선 시대 왕실이나 국가의 중요한 사실이 중국에 잘못 알려졌을 때 이를 정정하기 위해 보낸 사신)를 따라 들어와서 변무사들이

담합(談合) 談 말씀 담 合 합할 합
서로 의논하여 합의한다는 뜻으로 주로 회사들이
서로 짜고 이익을 챙기는 행위를 말해요.

돌아가기 전에 이 홍삼을 다 팔아야 손해가 안 난다오."

평강이 행수 아저씨에게 궁금한 것을 물었어요.

"못 팔면 다시 가져가면 되지 않아요?"

"이번에 도방 어르신이 엄청난 양의 홍삼을 여기로 가져오느라 호조(나라의 재정을 담당하는 기관)로부터 큰돈도 빌렸다오. 이걸 못 팔고 가면 엄청난 빚을 져서 쫄딱 망하는 거지. 그런데 도방 어른은 여기에서도 거래되고 있는 홍삼을 모조리 사들이더니 이젠 또 갑자기 싹 다 불태워 버린다고 저러지 않소."

행수 아저씨는 임상옥을 말리려다가 꾸지람을 들었어요.

"나를 말리지 말아라! 모두 불태워 버릴 것이다!"

설쌤이 평강과 온달에게 작은 목소리로 말했어요.

"저기 청나라 약종상들 표정을 봐."

청나라 약종상들은 안절부절 어쩔 줄 몰라 하고 있었어요. 설쌤이 다시 말했어요.

"청나라 약종상들은 조선 사신이 돌아갈 때까지 팔지 못하면 조선 상인들이 낭패라는 것을 알고 있었어. 거기에 임상옥이 부른 홍삼 가격이 너무 높아서 가격이 떨어질 때까지는 임상옥의 홍삼을 사지 않기로 서로 약속한 거지."

"그런데 왜 저렇게 불안해하는 거예요?"

"청나라 약종상들도 홍삼을 사지 못하면 한 해 장사를 망치게 되는 거거든. 낮은 가격에 사려고 기다렸는데 임상옥이 홍삼을 모조리 불태우려고 저러니 불안할 수밖에 없지."

그 옆에는 또 다른 조선 상인들도 임상옥을 지켜보고 있었어요. 이 일이 벌어지기 전 임상옥은 청나라 약종상들이 담합해서 임상옥의 홍삼을 사지 않는다는 사실을 알았어요. 청나라 약종상들은 임상옥의 홍삼뿐만 아니라 조선의 다른 상인들이 파는 홍삼도 사지 않았지요.

우리가 담합을 해서 싼값에 홍삼을 삽시다!

감히 조선 상인들을 우습게 봤겠다?

그러자 조선의 다른 상인들은 가격을 낮추어서 다시 팔려고 했고, 이를 안 임상옥이 다른 상인들의 홍삼을 모두 사들였어요. 임상옥은 높이 부른 가격을 낮추지 않았고, 청나라 약종상들도 꿈쩍을 하지 않았지요.

임상옥은 사람들을 시켜 날을 정해 홍삼을 모두 불태울 것이란 소문을 내라고 지시했어요. 그날이 되었고, 약령 시장에 온 청나라 약종상들과 조선의 다른 상인들도 희귀한 구경거리를 보려고 모여든 것이지요.

평강과 온달도 불길에 타는 홍삼을 바라보며 발을 동동 굴렀어요.

"아까운 홍삼이 다 타겠어. 어쩌면 좋아!"

"태우지 말고 그냥 날 주지. 홍삼 실컷 먹어보고 싶다!"

속이 타는 건 청나라 약종상들도 마찬가지였어요. 그들은 불길이 비쳐서 이글이글 타는 듯한 임상옥의 눈동자를 보며 자신들이 잘못 판단했다고 생각하는 것 같았어요. 청나라 약종상들이 서로 모여 의논하더니 드디어 한 사람이 나서서 임상옥을 말렸어요.

"이게 무슨 짓이오. 그만하시오."

임상옥이 청나라 약종상을 옆으로 밀쳤어요. 그러고는 홍삼을 더 많이 집어 불길로 던졌어요.

"비키시오! 다 태울 것이오."

그 약종상이 임상옥의 팔을 잡았어요.

"일단 멈추고 우리와 다시 거래해 봅시다."

임상옥이 그 약종상을 노려보았어요.

"거래라고 했소? 당신들과 거래할 생각 없다오. 이 홍삼은 조선에서도 최상품인 천삼이오. 당신들은 담합을 해서 이 천삼

의 가치를 무시하고 터무니없는 가격에 거래하려 했소. 이 천
삼의 가치를 인정하지 않는 당신들과는 단 한 근도 거래하지
않을 것이오.”

청나라 약종상들이 우르르 몰려와서 임상옥을 말렸어요.

“우리가 잘못했소. 조선의 홍삼이 최고라오. 당신이 공시한
대로 가격을 쳐 주겠소.”

임상옥은 그들을 떼어내며 말했어요.

“당신들 잘못으로 홍삼이 불탄 것이니 이 타 버린 홍삼값도
책임지시오.”

청나라 약종상들이 잠시 머뭇거리더니 고개를 끄덕였어요.

"알았소! 부르는 대로 돈을 줄 테니 어서 이 불부터 끕시다!"

임상옥이 그제야 멈추었어요.

청나라 약종상들이 달려들어 불을 끄고 있을 때 행수가 임상옥에게 다가가 말하는 것이 들렸어요.

"후유! 나으리, 간 떨어질 뻔했습니다! 저 귀한 홍삼을 몽땅 다 태워 버리면 빈털터리가 될 건데 어찌하려고 그러셨소?"

"물건을 사고파는 데엔 양심이 있어야 하오. 물건을 파는 사람은 남들에게 부끄럽지 않은 것을 내놓아야 하고, 사는 사람은 그 가치를 인정해 주어야 하지 않겠소? 난 앞으로도 이 원칙을 꼭 지켜나갈 것이오!"

설쌤이 빙그레 웃으며 평강과 온달을 데리고 떠날 준비를 했어요.

"위기를 기회로 만들어낸 임상옥의 배짱이 대단하지? 임상옥은 무턱대고 이런 일을 벌인 것이 아니었어. 상황을 정확히 판단하고 상대의 약점까지 파악하고 있었던 거지."

조선 후기 상업의 변화

💬 만상이 뭐예요?

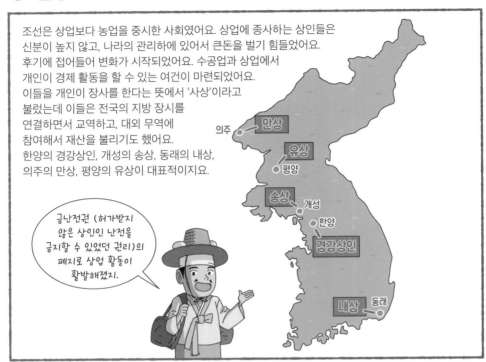

조선은 상업보다 농업을 중시한 사회였어요. 상업에 종사하는 상인들은
신분이 높지 않고, 나라의 관리하에 있어서 큰돈을 벌기 힘들었어요.
후기에 접어들어 변화가 시작되었어요. 수공업과 상업에서
개인이 경제 활동을 할 수 있는 여건이 마련되었어요.
이들을 개인이 장사를 한다는 뜻에서 '사상'이라고
불렀는데 이들은 전국의 지방 장시를
연결하면서 교역하고, 대외 무역에
참여해서 재산을 불리기도 했어요.
한양의 경강상인, 개성의 송상, 동래의 내상,
의주의 만상, 평양의 유상이 대표적이지요.

금난전권 (허가받지
않은 상인인 난전을
금지할 수 있었던 권리)의
폐지로 상업 활동이
활발해졌지.

의주 — 만상
평양 — 유상
송상 — 개성
한양
경강상인
내상 — 동래

💬 다른 나라와 어떤 것을 사고팔았어요?

주변국인 청나라와 일본과 주
로 교역했어요. 청나라에서 들
여온 물품은 비단, 모자, 약재,
말, 문방구 등이었고, 조선에
서 수출한 물품은 은을 비롯하
여 가죽, 종이, 무명, 인삼(홍
삼) 등이었어요.

최고급 가죽도
구경해 보세요.

말 한 필
사라해!

19세기 이후로는 인삼(홍삼)이
주로 청나라로 수출되었지요.
이때 임상옥이 인삼을 팔아 큰
상인 이른바 '거상'으로 성장했
어요.

조선의 인삼은
세계 최고의 품질을
자랑하지요.

임진왜란 후 17세기부터는
일본과도 교역이 다시 시작되
어 조선에서는 쌀, 무명, 인삼
(홍삼) 등이 나가고, 일본으로
부터는 은, 구리, 유황, 후추를
비롯한 향신료 등을 주로 들여
왔다고 하지요.

조선

일본

임상옥에 대한 오해와 진실

💬 임상옥은 원래 부자였어요?

임상옥의 집안은 양반이 아니었어요. 통역을 맡은 관리인 역관이 되려고 했던 아버지에게서 어릴 적부터 중국어를 배운 것이 큰 상인이 되는 밑거름이 되었지요. 임상옥의 아버지가 역관 시험을 포기하고, 돈을 빌려 일을 하려다가 결과가 좋지 않게 되었어요. 그 탓에 임상옥 일가는 모두 관노가 되기도 했어요. 그 후 임상옥

▲청나라와의 주요 교역품이었던 인삼

은 만상의 가장 아래인 사환으로 들어가 일을 하나씩 배웠고, 점차 인정받아 상단의 경영자인 도방까지 오르게 되었어요. 1810년 순조 10년 무렵에 국경 지방의 인삼 무역권을 독점하며 큰 부자가 되기까지 많은 우여곡절을 겪으면서도 자신의 힘으로 그 위치까지 성장한 것이랍니다.

💬 임상옥은 그 후에 어떻게 됐어요?

우선 이 돈으로 생활하시오.

이 은혜를 어찌 갚아야 할지….

임상옥은 돈을 버는 데만 한평생을 보내지 않았어요. 그렇게 번 돈을 가난한 이들을 위해 베풀기도 했어요. 1811년 순조 11년에 홍경래가 난을 일으켜 나라가 혼란에 빠진 적이 있어요. 임상옥이 활동했던 의주도 위험했지요. 이에 임상옥은 의병을 모을 돈과 군수 물자를 살 돈을 나라에 제공했어요.

1834년에는 의주에 물난리가 크게 났고, 이때도 수재민을 돕기 위해 수천 냥을 내놓기도 했어요. 당시에 수재를 당한 평안도의 사람들이 그가 준 돈으로 대부분 생활했다고 해요. 또 굶주리는 백성들을 위해 1만 냥이란 큰돈을 나라에 기부하기도 했어요. 말년에는 이처럼 남을 돕는 일을 하며 농사를 짓는 등 평온한 여생을 보냈다고 하지요.

시대별 대외 교류의 현장!

1. 백제, 일본에 신진 문화를 전파하다!

일본 왕실의 태자를 가르친 왕인

삼국 시대 때 한반도는 이미 일본(왜)과 빈번하게 교류했어요. 그중에서도 백제가 특히 영향을 많이 끼쳤어요. 백제는 일본에 비해 선진 문물과 학문을 갖추고 있어서 아직기와 왕인 등 **뛰어난 유학자를 보내 일본 왕실의 태자와 신하들에게 학문과 문화를 전파**했어요.

2. 고구려 스님, 일본에 불교를 가르치다!

불교를 받아들인 일본의 쇼토쿠 태자상

쇼토쿠 태자는 아스카 시대, 일본 31대 요메이 천황의 아들이에요. 그는 불교에 관심이 많아 고구려와 백제로부터 불교를 적극적으로 받아들였어요. 일본 최초의 절인 법흥사를 짓고 그곳에서 **고구려의 승려인 혜자와 백제의 승려 혜총에게 불교에 대해 배웠**지요.

5. 고려의 국제 무역항, 벽란도!

아라비아 상인과도 교류한 벽란도

벽란도는 고려 시대 예성강 하류에 있던 국제 무역항이에요. 처음엔 '예성항'으로 불렀지만 **외국의 상인들이 머물던 건물의 이름인 '벽란정'의 이름을 따 벽란도**로 불렸지요. 중국 송나라와 일본, 동남아시아, 아라비아 등 많은 다른 나라의 상인들이 이곳을 드나들었어요.

6. 친명배금 외교!

균형 외교를 취한 광해군

조선이 명나라를 섬길 동안 후금(청)의 힘이 세지자, 광해군은 그 사이에서 균형을 맞추려 했어요. 그 후, **인조는 청을 배척하고 명을 섬기는 친명배금 정책을 펼쳤고, 이로 인해 후금이 침략한 정묘호란**이 일어났어요. 후금에서 이름을 바꾼 청은 병자호란도 일으키지요.

우리 선조들은 오래전부터 주변국들과의 교류를 통해 정치와 문화를 발전시키기도 하고 때로는 연합하여 다른 나라를 견제하는 등 다양한 목적으로 대외 교류를 활용하였어요. 선조들의 지혜가 녹아 있는 시대별 대외 교류의 현장을 엿볼까요?

3 장보고, 청해진에 해상 무역!

전남 완도군에서 열린 장보고 축제 모습

9세기 초 신라의 해안에는 해적들이 자주 출몰해 신라인을 괴롭혔어요. 당나라의 군인이 었던 장보고는 신라로 돌아와 지금의 **전라남도 완도에 해군 기지 '청해진'을 설치하여 해적들을 소탕**했어요. 또 청해진을 무역의 거점으로 삼아 해상 무역을 주도하였어요.

4 발해, 일본에 사신을 보내다!

일본과의 교류로 신라를 견제한 발해

발해는 당과 신라를 견제하기 위해 일본과 활발하게 교류했어요. **8세기 초 무왕 때를 시작으로, 10세기 초까지 30여 차례 일본에 사신을 파견**하였지요. 발해는 일본에 범 가죽을 비롯한 동물의 털가죽과 인삼 등을 수출하였고 일본에서 직물, 수은 등을 수입하였어요.

7 일본에 간 조선 통신사!

일본 에도 시대에 그려진 조선 통신사 행렬 모습

조선 통신사는 일본에 파견한 외교 사절단이에요. 약 400~500명이 반년 이상을 걸려 왕복 약 4,500km의 거리를 오갔어요. 일본은 1000여 척이 넘는 배와 수많은 인원을 동원해 이들을 극진히 맞았어요. **조선 통신사는 양국 간 정치와 문화 교류에 크게 기여하였지요.**

8 서양 문물을 받아들인 북학파!

박지원이 청나라에서 경험한 것을 쓴 <열하일기>

병자호란 이후 **청나라의 문물을 받아들여 조선의 농업과 상공업을 발달시키자고 주장한 학자들을 '북학파'**라고 해요. 박지원, 홍대용, 박제가 등으로, 그중 박지원은 1780년 청나라에 가서 보고 들은, 그들의 문물과 제도를 기록한 책인 <열하일기>를 남겼지요.

세계를 뒤흔든 6발의 총소리

대한 독립을 위하여!

"여기는 또 어디예요? 청나라 옷을 입은 사람들도 보이는 걸 보면 다시 또 임상옥이 있는 베이징으로 온 거예요?"

평강이 서둘러 걷고 있는 설쌤에게 물었어요.

"그때로부터 조금 더 세월이 흐른 1910년 3월 26일이고, 여기는 청나라 땅이었지만 일제가 지배하는 요동반도 끝에 위치한 뤼순이라는 곳이야. 곧 큰일이 있으니 빨리 가야 해."

온달이 길가에 버려져 있는 신문을 하나 집어 들었어요.

"여기 뭐라고 쓰여 있어요?"

설쌤이 가던 길을 멈추고 신문을 읽어 주었어요.

"탕탕탕! 탕! 탕! 탕! 6발의 총성이 하얼빈역에서 연달아 울렸다. 3발은 이토 히로부미를 맞혔고, 나머지 3발은 이토 히로부미를 수행하는 일본 총영사와 수행 비서관, 남만주 철도주식

회사 이사 등을 맞혔다. 그는 총을 쏘고 난 후 '코레아 우라'라고 외쳤다. 대한 만세라는 뜻이다."

온달이 설쌤이 든 신문을 가로채서 들여다보았어요.

"이토 히로부미를 쏜 사람은 안중근 의사잖아요. 그럼 우리가 그 현장에 온 거예요?"

"맞아. 1909년 10월 26일 오전에 있었던 일이지. 그날 안중근 의사는 현장에서 러시아군 병사들에게 체포되었고, 일본 측에 넘겨져 하얼빈에서 멀리 떨어진 뤼순으로 끌려갔어. 하얼빈은 러시아의 지배하에 있어서 그곳에서 재판이 진행되면 일제의 뜻대로 되기 힘들었거든. 안중근 의사는 그 후 뤼순 감옥에 갇혀서 여섯 차례 재판을 받아. 마지막 재판정에서 일본 재판관은 안중근 의사에게 사형을 선고하는데 안중근 의사는 항소하지 않고 이를 받아들이지. 항소하면 재판을 더 끌 수 있지만 그보다 사형을 받아들이는 것이 일제의 만행을 더 널리 알리는 일이 될 것이라고 판단했기 때문이야. 오늘은 사형 집행이 있는 전날이니 어서 가 보자."

세 사람이 향한 곳은 뤼순 감옥의 면회장이었어요. 설쌤과 평강, 온달은 일본군 간수들의 눈을 피해 면회장으로 들어갔어요. 간수들은 세 사람이 보이지 않는 듯했지요.

면회장의 큰 탁자에는 안중근이 있었어요. 다음 날 사형이 집행될 예정이었지만 의연한 표정이었어요. 그 맞은편에는 안중근의 두 동생 안정근과 안공근이 앉아 있었어요. 안중근이 먼저 입을 뗐어요.

"내 죽음을 슬퍼하지 말아라. 이토 히로부미는 고종 황제를 퇴위시키고, 명성 황후를 시해한 가장 큰 적이었다. 나는 대한 독립군의 참모중장으로서 우리 조국을 빼앗으려 한 적의 우두머리를 쏜 군인이다. 국가를 위해 헌신하는 것이 군인의 본분이고, 이 때문에 죽어야 한다면 마땅히 받아들여야 하지 않겠느냐."

두 동생의 눈망울엔 눈물이 맺혔어요. 안정근이 형을 향해 고개를 끄덕였어요.

"형님의 뜻을 저희도 따르도록 하겠습니다."

안중근이 동생들에게 마지막 유언을 남겼어요.

"내가 죽은 뒤에 내 뼈를 하얼빈 공원에 묻었다가 우리나라가 해방된 후 고국*으로 옮겨다오. 대한 독립의 소리가 천국에 들려오면 나는 마땅히 춤추며 만세를 부를 것이다."

두 동생이 고개를 끄덕였어요.

"형님의 뜻을 명심하겠습니다."

안중근은 잠시 두 눈을 감았어요. 고작 서른두 살 청년 안중근은 죽음을 앞두고 살아온 지난 시간을 되돌려 보는 듯했어요. 설쌤이 평강과 온달에게 작은 목소리로 안중근에 대해 말해 주었어요.

"안중근 의사는 1879년 9월 2일, 황해도 해주에서 태어났어. 태어났을 때 몸에 일곱 개의 점이 북두칠성처럼 있어서 응칠이라고 불렸지. 할아버지가 큰 재산을 이루어서 어린 시절 유복하게 보낼 수 있었고, 서당에 가서 글공부를 열심히 했어. 좀 자라서는 말 타고 활 쏘는 것도 즐겼는데 집안에 드나드는 포수들의 영향으로 사냥을 나가 총 쏘는 것도 좋아했어. 그때 이

고국(故國)

故 연고 고　國 나라 국
주로 남의 나라에 있는 사람이 자신의 조상 때부터 살던 나라를 이르는 말이에요.

미 명사수로 알려졌다고 하지."

온달이 지그시 눈을 감고 있는 안중근을 바라보며 설쌤에게 물었어요.

"6발을 모두 명중시킨 게 우연이 아니네요?"

"맞아. 하지만 일제가 우리나라를 빼앗고자 했을 때 안중근 의사가 처음부터 무장 투쟁을 한 건 아니야. 아버지의 영향으로 집안이 모두 천주교를 믿게 되었고, 1905년 을사늑약이 체결된 후엔 교육을 통한 깨달음이 중요하다고 판단한 것 같아. 집안의 전 재산을 바쳐 삼흥학교를 세우고, 천주교 계열의 돈의학교를 인수해 직접 학생들을 가르치기도 했지."

평강이 눈을 동그랗게 떴어요.

"안중근 의사가 선생님이었던 거예요?"

"맞아. 교장 선생님인 셈이었지. 1907년 헤이그 특사가 실패로 돌아간 후 고종 황제가 퇴위되고 군대가 해산되었잖아. 그때 전국에서 의병이 일어났어. 안중근 의사도 의병을 일으키는 데 적극적으로 나섰고, 그때부터 독립을 위한 무장 운동을 시작했어. 연해주로 건너가서 1908년에는 대한국 의군의 장군 자격으로 부하들을 이끌고 일본군을 공격해 여러 차례 승리를 거두지."

"역시 뛰어난 군인이었네요. 계속 승리한 거예요?"

"아니. 크게 한 번 지게 돼. 그 패배 후 안중근 의사는 뜻이 같은 동지 11명을 모아 함께 왼쪽 손의 넷째 손가락 한 마디를 단지*해서 독립을 위해 목숨을 바칠 것을 혈서를 써서 맹세해. 그때가 1909년 초였어. 그러다가 블라디보스토크에 있을 때 이토 히로부미가 러시아 재무 장관을 만나러 하얼빈으로 온다는 소식을 듣게 돼. 안중근 의사는 한 치도 망설이지 않고 동지들과 하얼빈으로 향하지. 두 명의 동지는 하얼빈의 전 역인 채가구역에서 기다리기로 했어. 혹시라도 이토 히로부미가 그곳에 내리면 두 명의 동지가 암살을 시도하고, 하얼빈역에 내리면 안중근 의사가 맡기로 했던 거야."

평강이 두 손을 모으며 말했어요.

"손에 땀이 날 정도로 긴장됐겠어요."

"안중근 의사는 침착하지만 단호하게 했어. 하얼빈역에는 엄청나게 많은 인파가 환영객으로 나와 있었어. 이토 히로부미의

단지(斷指)　斷 끊을 **단** 指 가리킬 **지**
손가락을 자른다는 뜻이에요.

얼굴을 알지 못했는데 많은 인파를 뚫고 짐작되는 이를 향해 약 7미터까지 접근해서 정확하게 명중시킨 거야."

그때 안중근 의사가 감았던 눈을 뜨고 자리에서 일어났어요. 이제 동생들과 헤어질 순간이 된 거예요. 안중근 의사는 의연하게 간수들과 함께 걸어 나갔어요.

설쌤이 눈물을 흘렸어요. 평강과 온달도 안중근 의사의 뒷모습을 보며 울컥하는 마음이었지요. 설쌤이 품에서 종이 하나를 꺼내 평강과 온달에게 읽어 주었어요.

"안중근 의사가 뤼순 감옥에 갇혀 있을 때 어머니인 조 마리아 여사가 아들에게 보낸 편지야. 두 동생이 면회를 왔을 때 어머니의 편지를 전해 주었지. 이건 어머니가 보낸 마지막 편지의 일부분이야."

이 어미는 너를 다시 만나지 않고자 한다. 너는 형을 받아 죄악을 씻고 다음 세상에서는 하나님의 아들이 되어 다시 나오너라. 너의 형을 집행할 때 먼 길을 간 니콜라 빌렘 신부님이 너를 위해 참회의 기도를 올릴 것이야. 너는 신부님의 인도 아래 조용히 이 세상을 떠나도록 하거라.

평강이 눈을 동그랗게 뜨고 물었어요.

"안중근 의사가 왜 참회를 해야 해요?"

설쌤이 그렁그렁한 눈망울로 둘을 바라보았어요.

"종교적으로 볼 땐 한 생명을 빼앗은 것이니까. 조 마리아 여사는 아들을 자랑스러워하셨을 거야."

셋은 다음 날 다시 뤼순 감옥으로 향했어요. 설쌤이 평강과 온달의 손을 잡고 뛰어갔어요.

"어떤 일에 목숨을 바친다는 것은 누구나 할 수 있는 일이 아닐 거야. 안중근 의사는 죽음에 이르지만, 또 그 후에 우리나라는 일제의 식민지가 되어 35년간이나 지배를 당하게 되지만, 안중근 의사의 죽음은 헛된 것이 아니었어. 그의 죽음을 기억하는 많은 이들이 더욱 독립운동에 매진하게 됐거든."

셋이 감옥에 거의 다다랐을 때 뤼순 감옥의 담장 위로 하얀 비둘기 한 마리가 날아오르는 것이 보였어요. 설쌤이 비둘기를 보더니 다시 눈물을 훔쳤어요.

"아! 우리가 늦었어. 방금 교수형이 집행되었어."

온달이 설쌤의 손을 부여잡고 위로했어요.

"역사는 흘러가지만, 늦었다고 생각할 때 바로잡으면 다시 제대로 흘러갈 거예요."

무장 독립운동의 역사

💬 한반도 안에서는 독립운동이 어려웠나요?

1910년 한일 병합을 계기로 우리나라가 주권을 빼앗기자, 한반도 내에서는 독립운동을 벌이기 힘들어졌어요. 국내에서 비밀리에 조직을 만들어 활동하기도 했지만 대부분은 만주라고 불리는 서간도와 북간도 등의 지역에서 독립운동을 벌였어요. 북간도에서는 의병장 출신인 홍범도가 대한 독립군을 이끌었고, 서간도에서는 경학사, 부민단 등이 생겨났어요. 연해주에서는 이상설과 이동휘가 주축이 되어 대한 광복군 정부가 생겨났어요. 이들은 일제에 항거해 군사를 조직해 무장 활동을 벌이거나 독립운동가를 양성했어요.

💬 무장 항쟁의 중심이 된 학교가 있다고요?

안동 출신 이상룡은 노비 문서를 불태워서 자신의 노비들을 해방시킨 후 이시영, 양기탁 등의 권유에 따라 독립군 기지를 세우기로 결심하고 서간도로 이주해요.

그곳에서 그는 '경학사'라는 결사체를 조직하고, 정착촌을 건설한 다음 '신흥 강습소'를 설립하여 2대 교장을 지내요. 이후 신흥 무관 학교로 발전하여 독립군 무관을 양성하는 학교가 되어요.

신흥 강습소에서 발전한 신흥 무관 학교의 졸업생들은 대한 독립군, 대한민국 임시 정부 광복군 등에 참여하여 무장 독립운동의 큰 축으로 활약했지요.

안중근에 대한 오해와 진실

💬 안중근의 묘가 우리나라에 없다고요?

▲안중근 의사(1879~1910년)

사형 집행이 있었던 날 안중근의 두 동생은 형의 유언을 받들기 위해 유해를 하얼빈 공원에 모시려 했어요. 그런데 뤼순 감옥의 간수들은 동생들에게 유해를 주지 않아요. **이토 히로부미를 처단한 사건이 세계적으로 주목받고 있어서 안중근의 죽음 또한 가벼이 넘길 수 없는 일이었거든요.** 그의 묘가 제대로 마련되면 그를 기리는 수많은 이들이 있을 테고 이는 일제 자신에게 도움이 안 된다고 판단한 것이지요.

알려진 바에 의하면 안중근의 시신을 뤼순 감옥 어딘가에 묻었다고 해요. 하지만 어디에 묻었는지 알려 주지 않았고, 지금까지도 안중근의 유해를 찾지 못하고 있지요.

💬 두 동생도 독립운동에 뛰어들었다고요?

안중근의 동생 안정근과 안공근 모두 독립운동에 한평생을 바쳤어요. 안정근은 무장 항쟁에도 참여하고 안창호가 이끄는 흥사단에도 가입해 안창호의 일을 적극적으로 돕기도 했어요. 안정근이 안창호와 주로 활동했다면 동생인 안공근은 김구의 곁에서 많은 일을 했어요. **대한민국 임시 정부에 참여해 김구와 함께 '한인 애국단'을 만들어 이를 통해 일제의 주요 인사들을 암살하는 일을 계획**하고 실행했어요.

한인 애국단의 본부를 안공근의 집에 마련할 정도로 안공근의 역할이 컸어요. 이봉창과 윤봉길 등이 출정에 앞서 거사를 의논하고 사진을 찍은 장소도 이곳이라고 해요. 안중근의 집안사람들은 대부분 독립운동에 헌신했지요.

독립운동을 이끌었던 영웅들!

최재형 (1860년 8월 15일~1920년 4월 5일)

연해주에서 독립운동가들을 도운 최재형

최재형은 러시아 연해주 지역에서 사업에 성공한 후, **독립운동에 필요한 자금을 제공하고, 항일 의병을 모집**했어요. <대동공보>를 발행해 항일 독립 정신을 고취하기도 했지요. 안중근 의사의 하얼빈 의거를 돕고, 그가 순국한 후, 남은 가족을 돌봐 줬다고 해요.

홍범도 (1868년 8월 27일~1943년 10월 25일)

포수 출신으로 독립운동에 뛰어든 홍범도

1907년 정미의병이 일어나자 일제가 <총포 및 화약류 단속법>을 제정하고 포수들의 총을 회수하였어요. 포수였던 홍범도는 이에 분노하여 의병을 일으킨 뒤 일본 수비대를 격파하였어요. 이후 **봉오동 전투와 청산리 전투에서 일본군을 크게 격파**하였지요.

신채호 (1880년 11월 7일~1936년 2월 21일)

신채호 선생이 수감되었던 뤼순 감옥

일제 강점기 시절 <조선상고사>, <조선사 연구초> 등을 쓴 학자이자 독립운동가예요. <황성신문>, <대한매일신보> 등에서 항일 언론 운동을 벌였고, 일제에 나라를 빼앗긴 후에는 중국에 망명하여 독립운동과 국사 연구에 힘쓰다가 일본 경찰에 체포되어 옥사하였어요.

김상옥 (1889년 1월 5일~1923년 1월 22일)

전설적인 영웅담을 남긴 김상옥

항일 무력 독립운동 단체인 의열단의 일원인 김상옥은 1923년 종로경찰서에 폭탄을 던졌어요. 은신처가 발각되자 양손에 권총을 쥐고 민가의 담을 넘나들며 **세 시간 동안 혼자서 일본 군경 1,000여 명과 맞섰어요.** 탄환이 떨어지자 대한 독립 만세를 외치며 자결하였지요.

우리나라는 일본에게 나라를 빼앗긴 뒤 일제의 숱한 탄압과 핍박 속에서 고통받았어요. 하지만 이렇게 어두웠던 시기에도 자신의 목숨까지 내던지며 나라를 되찾기 위해 애쓴 분들이 많았어요. 일제에 맞서 독립운동을 이어간 우리 민족의 위대한 영웅들을 만나 보아요.

김구 (1876년 8월 29일~1949년 6월 26일)

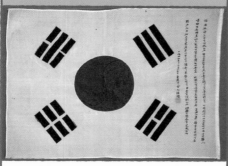

김구의 서명문이 적힌 태극기

1876년 황해도 해주에서 태어난 김구는 동학 농민 운동에도 참여하고, 이후 **대한민국 임시 정부 주석으로 독립운동을 이끌었어요.** 광복 후에는 완전히 독립된 통일 정부 수립을 위해 노력했어요. 1949년에 육군 소위 안두희에게 암살당하고 말아요.

안창호 (1878년 11월 9일~1938년 3월 10일)

민족의 큰 지도자로 불린 안창호

일제 강점기 시절의 사상가이자 독립운동가로 우리 민족이 스스로 힘과 실력을 키워 자립할 수 있어야 한다고 믿었어요. **항일 비밀 결사 단체인 신민회와 민족 운동 단체인 흥사단을 조직**하고 대성 학교를 설립하는 등 민족의 지도자로써 활동했어요.

김좌진 (1889년 11월 24일~1930년 1월 24일)

청산리 전투의 지휘관 김좌진

일본에 의해 대한 제국 군대가 해산되자 계몽 운동에 적극적으로 참여하다가 3·1 운동 이후에 만주에 가서 무장 독립운동 단체인 '북로 군정서'를 조직하고 그곳의 지휘관이 되어 무장 투쟁과 독립군 양성에 힘썼어요. 1920년 10월 청산리 전투에서 일본군을 무찔렀어요.

유관순 (1902년 12월 16일~1920년 9월 28일)

서대문 형무소에서 옥사한 유관순

1919년, 3·1 운동이 시작되자 당시 학생이었던 유관순은 아우내 만세 운동에 참여하였어요. 이 일로 유관순은 서대문 형무소에 갇혔어요. **감옥 안에서도 당당한 태도로 대한 독립 만세를 외치던 유관순 열사**는 모진 고문을 이기지 못하고 18세의 나이에 옥사하였어요.

서울문화 태권대회

경기 시작 5분 전

반드시 금메달을 따고 말겠어!

얍!

16강 승!

으악!

8강 승!

어흑!

예~! 드디어 결승전이다!

4강 승!

멋져, 온달아! 역시 내 신랑감이야!

우승을 못 했는데도 기분이 좋아 보이네.

이번에 또 상대를 만만하게 보면 안 된다는 걸 배웠어요. 그리고 준우승이 어때서요!

맞아. 인생도, 역사도 성공과 실패를 나눌 순 없어. 다만, 노력하고 도전하는 자세가 중요한 거지.

그래서 이제 다른 걸 도전해 보려고요. 제가 좋아하는 음식을 잘 만드는 방법을 터득해서 요리 대회에 나가 볼 거예요.

그래서 부탁드리는 건데 우리 역사 속 요리를 배워 보고 싶어요. 데려다 줘요~.

흠, 공주의 부마가 아니라 공주의 요리사가 되고 싶은 건가?

이번에는 음식과 요리 역사의 현장을 찾아! 어디로 갈지는 알아서 데려가 줘!

삼국 및 남북국 시대

1 삼국 시대에 관한 설명 중 옳은 것에는 ○, 틀린 것에는 ×에 동그라미를 쳐 봐.

(1) 온조는 지금의 서울 송파구 인근으로 추정되는 곳으로 가서 고구려를 세웠고, 비류는 지금의 인천 미추홀 쪽으로 가서 백제를 세웠어.　　　　　(○ , ×)

(2) 살수 대첩은 고구려와 수의 전쟁 때 일어난 전투야. 을지문덕 장군은 수의 백만 대군이 고구려를 침공했을 때 지금의 청천강 지역인 살수에서 수나라 30만 별동대를 섬멸했어.　　(○ , ×)

(3) 백제의 계백 장군과 맞선 신라의 관창은 화랑이었어. 화랑은 평민 신분으로 평민부터 귀족으로 구성된 '낭도'를 이끄는 우두머리야.　　　　(○ , ×)

2 다음 사진과 설명을 보고 서로 맞는 것끼리 선으로 연결해 봐.

무령왕릉

장군총

석굴암

백제

통일 신라

고구려

3 빈칸에 들어갈 알맞은 단어를 쓰고, 아래의 글 상자에도 표시해 봐.

금	강	사	비	성
황	산	벌	국	민
임	위	천	평	강
온	정	례	양	설
달	국	내	성	쌤

(1) 백제 계백이 결사대 5천 군사를 이끌고 신라군과 맞서다가 장렬하게 전사한 ☐☐☐ 은 지금의 충청남도 논산시 연산면 일대를 말해.

(2) 고구려는 건국 후 멸망할 때까지 수도를 여러 번 옮겼어. 고주몽이 처음 졸본에 터를 잡은 후 얼마 지나지 않아 2대 유리왕 때 국내성으로 수도를 옮겼고, 427년 장수왕 때 다시 ☐☐☐ 으로 도읍을 옮겼지.

4 아래 〈보기〉를 보고 사건이 일어난 순서대로 기호를 적어 봐.

〈보기〉

ㄱ 원종과 애노의 난   ㄴ 백제 멸망

ㄷ 살수 대첩   ㄹ 고구려 멸망

(   )

1 고려 시대에 관한 설명 중 옳은 것에는 ○, 틀린 것에는 ×에 동그라미를 쳐 봐.

(1) 고려는 태조 왕건이 철원에서 건국했어. 하지만 철원에서 반란이 일어나자, 개경으로 수도를 옮겼어. 개경은 430여 년 동안 고려의 수도로서 정치, 경제, 문화의 중심지였지.　　　　(○ , ×)

(2) 고려에는 뛰어난 무신들이 많았어. 여진족을 토벌하는 데 앞장선 윤관, 거란의 침입을 귀주에서 크게 물리친 강감찬, 고려의 건국에 이바지한 김유신이 있어.　　　　(○ , ×)

(3) 고려 무신 정권 시기에는 나라가 혼란해서 전국 곳곳에서 민란이 일어났어. 이중 문신이었던 조위총은 서경에서 군사를 일으켜 개경을 위협할 정도로 거세게 저항했었어　　　　(○ , ×)

2 빈칸에 들어갈 알맞을 말을 〈보기〉에서 찾아 써 봐.

─── 〈보기〉 ───			
무신	개경	문신	서경

(1) 1135년, 고려의 승려였던 묘청이 수도를 (　　　) 에서 (　　　) 으로 옮겨야 나라가 부강해진다고 주장했어.

(2) 1170년부터 1270년까지 100년 동안 (　　　) 정권이 지속되었어.

3 다음 고려 시대의 왕에 대한 그림과 설명을 보고 서로 맞는 것끼리 선으로 연결해 봐.

원나라에 반기를 든 왕

노비안검법을 실시한 왕

고려의 마지막 왕

광종   공양왕   공민왕

4 다음에서 설명하고 있는 역사적 사건은 무엇인지 빈칸에 써 봐.

> 1170년 고려 중기에 무신의 난이 일어난 이후 정치가 혼란해지자 하극상의 풍조가 일어났다. 관리들의 부정부패가 심하고, 하층민에 대한 수탈과 착취가 심해져서 농민과 하층민의 반란이 곳곳에서 일어났다. 그중에 이 난은 신분 해방 운동의 성격을 띤 난이었다.

(   )

1 조선 시대에 관한 설명 중 옳은 것에는 ○, 틀린 것에는 ×에 동그라미를 쳐 봐.

(1) 조선이 건국되기 전, 고려 말은 혼란한 시기였어. 원나라가 쇠퇴기에 접어들었고, 홍건적과 왜구가 우리 국토를 침략해 백성들의 고초가 아주 심했지. 이때 홍건적과 왜구의 침입을 막아내는 과정에서 이성계 등 신흥 무인 세력이 성장하였어. (○ , ×)

(2) 세종 대왕은 1443년 훈민정음을 창제했어. 최만리 등 집현전 원로 학자들의 거센 반대에 부딪혔지만, 백성들을 위한 문자를 만들어 1446년에 반포했지. (○ , ×)

(2) 조광조는 중종 때 발탁된 사림 세력의 학자였어. 벼슬에 오른 후 급진적이고 개혁적인 정책을 실시했고, 이는 반대파인 훈구 세력의 거센 반발을 일으켰어. (○ , ×)

2 조선 시대 나랏일을 하던 기관에 대한 설명을 잘 읽고, 빈칸에 정답을 써 봐.

(1)

중대한 범죄를 다루던 사법 기관으로 임금의 명령을 받들어 중죄인을 체포하고 조사하는 일을 맡아 하던 기관이다.

( )

(2)

임금의 명령인 왕명을 신하나 여러 관청에 전달하는 역할 뿐만 아니라 상소와 같은 중요한 문서를 임금에게 전달하고 보고한 비서 기관이다.

( )

3 빈칸에 들어갈 알맞은 단어를 쓰고, 아래의 글 상자에도 표시해 봐.

민	사	사	진	공
생	육	장	주	산
시	신	국	대	전
행	주	데	첩	투
감	투	송	상	호

(1) 조선 후기에 개성 일대에서 활동했던 상인 집단을 ☐☐이라 고 해.

(2) 단종 복위를 시도하다가 거사가 실패로 끝난 후, 죽임을 당한 여섯 신하를 ☐☐☐이라고 해.

(3) 임진왜란 때 일본군이 전라도로 가는 길목에 있던 진주성을 공격하자 김시민이 이끄는 조선군이 백성들과 함께 맞서 싸워 승리한 전투를 ☐☐☐☐이라고 해.

4 아래 〈보기〉를 보고 사건이 일어난 순서대로 기호를 적어 봐.

───── 〈보기〉 ─────

ㄱ 기묘사화   ㄴ 단종 복위 운동

ㄷ 훈민정음 창제   ㄹ 헤이그 특사 파견

(   )

5 다음은 을사늑약 전에 일어난 사건들이야. 아래 그림과 설명을 보고 순서대로 적어 봐.

ㄱ

동학 농민군이여! 나 전봉준을 따르시오!

전봉준이 이끈 동학 농민 운동

ㄴ

빨리 찍어!

일본의 강압에 의해 체결된 강화도 조약

ㄷ

13개월 밀린 월급이 모래가 섞인 쌀이라니!

더 이상은 못 참아!

월급

구식 군대가 일으킨 임오군란

ㄹ

드디어 무찔렀다!

신미양요의 계기가 된 제너럴셔면호 사건

(   )

6 아래 사진과 설명을 보고 일제 강점기에 활동했던 독립운동가의 이름을 적어 봐.

독립운동가로 우리 민족이 스스로 힘과 실력을 키워 자립할 수 있어야 한다고 믿었어. 항일 비밀 결사 단체인 신민회와 민족 운동 단체인 흥사단을 조직하고 대성 학교를 설립하는 등의 활동으로, 수많은 독립운동가와 지도자들을 양성하는 데 힘썼지.

(   )

정답

180–181쪽

1. (1) × (2) ○ (3) ×

2.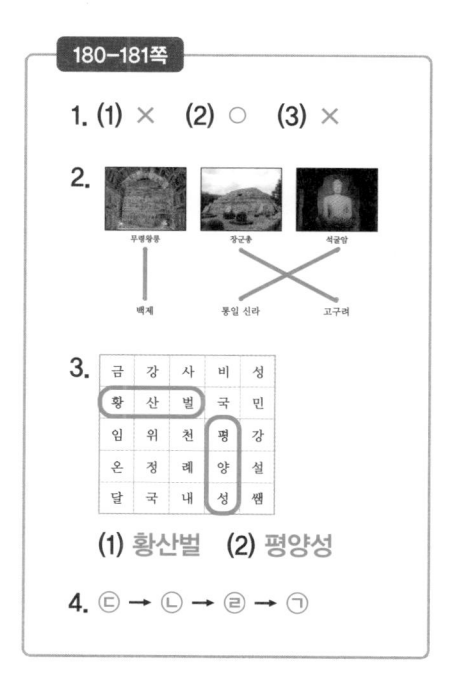

3.

금	강	사	비	성
황	산	벌	국	민
임	위	천	평	강
온	정	례	양	설
달	국	내	성	쌤

(1) 황산벌 (2) 평양성

4. ㉢ → ㉡ → ㉣ → ㉠

182–183쪽

1. (1) ○ (2) × (3) ○

2. (1) 개경, 서경
   (2) 무신

3.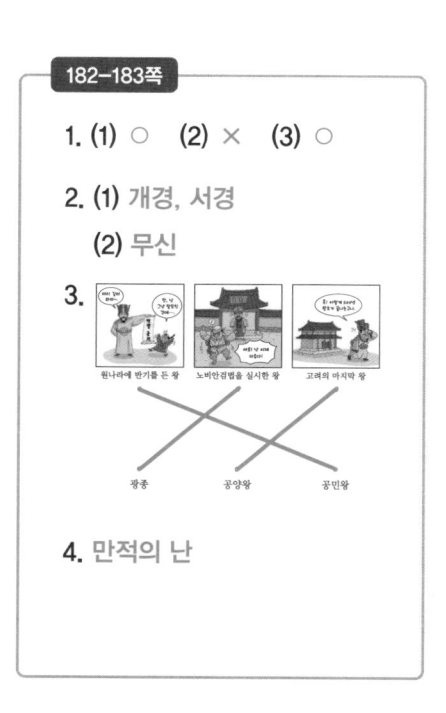

4. 만적의 난

184–186쪽

1. (1) ○ (2) ○ (3) ○

2. (1) 의금부 (2) 승정원

3.

민	사	사	진	공
생	육	장	주	산
시	신	국	대	전
행	주	데	첩	투
감	투	송	상	호

(1) 송상 (2) 사육신
(3) 진주대첩

4. ㉢ → ㉡ → ㉠ → ㉣

5. ㉣ → ㉡ → ㉢ → ㉠

6. 안창호

교과 연계표

대단원	소단원	학습 주제	설민석의 가장 쉬운 한국사
5학년 2학기 **1.** **옛 사람들의** **삶과 문화**	**(1)** **나라의** **등장과 발전**	고조선의 건국과 발전 과정을 알아봅시다	
		고구려, 백제, 신라의 성립과 발전 과정을 알아봅시다	**1장 1화** 백제의 멸망을 부른 계백의 실수 **관창의 목을 베라!** **2장 1화** 백만 대군이 별거냐! **이 강을 건너지 못하게 하라!** **3장 1화** 온조의 올바른 이사법 **여기로 이사하자!**
		신라의 통일 과정과 발해의 성립 및 발전 과정을 알아봅시다	**1장 1화** 백제의 멸망을 부른 계백의 실수 **관창의 목을 베라!**
		고구려와 백제의 문화유산을 알아봅시다	**1장 1화** 백제의 멸망을 부른 계백의 실수 **관창의 목을 베라!**
		신라와 가야의 문화유산을 알아봅시다	
		불국사와 석굴암의 우수성을 알아봅시다	**3장 1화** 온조의 올바른 이사법 **여기로 이사하자!**
	(2) **독창적** **문화를** **발전시킨** **고려**	고려의 건국과 후삼국 통일을 알아봅시다	**1장 2화** 뺨 한 대로 시작된 무신 정권 **장수 따위가 감히!**
		서희와 강감찬의 활약을 중심으로 거란의 침입과 극복 과정을 알아봅시다	**1장 2화** 뺨 한 대로 시작된 무신 정권 **장수 따위가 감히!** **2장 1화** 백만 대군이 별거냐! **이 강을 건너지 못하게 하라!**
		몽골이 침입했을 때 고려가 한 대응이 무엇인지 알아봅시다	**1장 2화** 뺨 한 대로 시작된 무신 정권 **장수 따위가 감히!**
		고려청자에 담긴 우수성과 당시 사람들의 생활 모습을 알아봅시다	**2장 2화** 최초의 신분 해방 운동 **왕이 따로 있는가!**
		팔만대장경을 보며 고려의 기술과 문화를 알아봅시다	**1장 2화** 뺨 한 대로 시작된 무신 정권 **장수 따위가 감히!**
		금속 활자를 살펴보며 고려의 기술과 문화를 알아봅시다	
	(3) **민족 문화를** **지켜 나간** **조선**	조선의 건국 과정을 알아봅시다	**1장 3화** 최영의 욕심과 고려의 끝 **황금 보기를 돌같이 했지만!**
		세종 대에 이루어 낸 발전에는 무엇이 있는지 알아봅시다	**3장 2화** 훈민정음을 반대한 학자들 **모두 옥에 가두어라!**
		유교 질서를 바탕으로 한 사회 모습을 알아봅시다	**1장 4화** 단종 복위를 꿈꾸었던 성삼문 **아니 어디서 말이 새어 나갔지?** **2장 2화** 최초의 신분 해방 운동 **왕이 따로 있는가!** **2장 3화** 조씨가 왕이 된다고? **주초위왕이 가리키는 자!**

대단원	소단원	학습 주제	설민석의 가장 쉬운 한국사
		임진왜란이 일어난 과정과 이를 극복하기 위한 노력을 살펴봅시다	**2장 1화** 백만 대군이 별거냐! **이 강을 건너지 못하게 하라!**
		병자호란이 일어난 과정을 살펴봅시다	**3장 3화** 장사의 신의 분노 **인삼을 모두 태워라!**
5학년 2학기 2. 사회의 새로운 변화와 오늘날의 우리	(1) 새로운 사회를 향한 움직임	영조와 정조의 개혁 정책을 알아봅시다	
		조선 후기에 사회 문제를 해결하려고 했던 노력을 알아봅시다	**3장 3화** 장사의 신의 분노 **인삼을 모두 태워라!**
		서민 문화에 나타난 사람들의 생활 모습을 알아봅시다	**2장 2화** 최초의 신분 해방 운동 **왕이 따로 있는가!**
		흥선 대원군의 정책과 강화도 조약을 살펴보고 조선 후기 사회의 모습을 알아봅시다	**2장 4화** 고종 황제를 퇴위시킨 헤이그 특사 **을사늑약은 무효다!**
		갑신정변에 참여한 사람들의 주장을 알아봅시다	**2장 4화** 고종 황제를 퇴위시킨 헤이그 특사 **을사늑약은 무효다!**
		동학 농민 운동을 살펴보고 당시 사람들의 생각을 알아봅시다	**2장 2화** 최초의 신분 해방 운동 **왕이 따로 있는가!**
	(2) 일제의 침략과 광복을 위한 노력	대한 제국 시기에 자주독립과 근대화를 위해 어떤 노력을 했는지 알아봅시다	**2장 4화** 고종 황제를 퇴위시킨 헤이그 특사 **을사늑약은 무효다!**
		을사늑약의 과정과 항일 의병의 노력을 알아봅시다	**2장 4화** 고종 황제를 퇴위시킨 헤이그 특사 **을사늑약은 무효다!**
		나라를 지키기 위한 안중근의 노력을 알아봅시다	**3장 4화** 세계를 뒤흔든 6발의 총소리 **대한 독립을 위하여!**
		한국인들이 고국을 떠난 까닭을 알아봅시다	
		3 · 1운동을 알아봅시다	**2장 4화** 고종 황제를 퇴위시킨 헤이그 특사 **을사늑약은 무효다!** **3장 4화** 세계를 뒤흔든 6발의 총소리 **대한 독립을 위하여!**
		나라를 되찾으려는 대한민국 임시 정부의 노력을 알아봅시다	**3장 4화** 세계를 뒤흔든 6발의 총소리 **대한 독립을 위하여!**
		나라를 되찾으려는 다양한 노력을 알아봅시다	**2장 4화** 고종 황제를 퇴위시킨 헤이그 특사 **을사늑약은 무효다!** **3장 4화** 세계를 뒤흔든 6발의 총소리 **대한 독립을 위하여!**
	(3) 대한민국 정부의 수립과 6 · 25 전쟁	8 · 15 광복의 과정을 알아봅시다	
		한반도 분단의 과정을 알아봅시다	
		대한민국 정부 수립의 의미를 알아봅시다	
		6 · 25 전쟁의 전개 과정과 그 결과를 알아봅시다	
		6 · 25 전쟁으로 사람들이 겪은 어려움을 알아봅시다	

설민석의 한국사 대모험 스토리 시리즈

설민석의 가장 쉬운 한국사

1. 역사를 바꾼 사건 편

초판 1쇄 인쇄 2024년 7월 18일
초판 1쇄 발행 2024년 7월 31일

글 | 김지균 **그림** | 이연, 김민재 **감수** | 단꿈아이

발행인 | 심정섭 **편집인** | 안예남 **편집팀장** | 이주희 **편집** | 도세희 **외주 편집** | 김지균
제작 | 정승헌 **브랜드마케팅** | 김지선, 하서빈 **출판마케팅** | 홍성현, 김호현
디자인 | 디자인록

이미지 제공 | 국가유산청, 국립중앙박물관, 동북아역사재단, 한국민족문화대백과사전, e뮤지엄, 위키피디아,
헬로 아카이브, 셔터스톡, 게티이미지뱅크, 한국관광공사, 전쟁기념관, 서울역사박물관, 한국학중앙연구원

인쇄처 | 에스엠그린
발행처 | ㈜서울문화사 **등록일** | 1988년 2월 16일 **등록번호** | 제2-484
주소 | 서울시 용산구 새창로 221-19
전화 | 02-799-9149(편집) 02-791-0752(출판마케팅)

ISBN 979-11-6923-313-2
ISBN 979-11-6923-312-5(세트)

©Dankkumi